문학교수, 영화 속으로 들어가다 8

문학교수, 영화 속으로 들어가다 8

초판 1쇄 인쇄 2021년 7월 28일
초판 1쇄 발행 2021년 8월 10일

지은이 김규종
펴낸이 최종숙
펴낸곳 글누림출판사

편 집 이태곤 권분옥 문선희 임애정 강윤경
디자인 안혜진 최선주 이경진 | **기획마케팅** 박태훈 안현진
주 소 서울시 서초구 동광로46길 6-6(반포4동 577-25) 문창빌딩 2층(06589)
전 화 02-3409-2055(대표), 2058(영업), 2060(편집)
팩 스 02-3409-2059
전자우편 nurim3888@hanmail.net
홈페이지 www.geulnurim.co.kr
블로그 blog.naver.com/geulnurim
북트레블러 post.naver.com/geulnurim
등록번호 제303-2005-000038호(2005.10.5.)

ISBN   978-89-6327-646-5 04680
       978-89-6327-305-1 (세트)

김규종

문학교수,
영화 속으로 들어가다 8

머리말

한 권의 책을 출간하는 일은 '여전히' 행복한 노릇이다. '여전히'를 강조함은 오래전 기억이 살아나기 때문이다. 석사과정 다니면서 학교 신문에 연극평을 투고하여 실린 적이 있었다. 뭐 대단한 글은 아니었지만, 원고료까지 받게 되니 기분이 썩 좋았던 게다. 그 후로 러시아 단편소설과 논문을 번역하여, 글이 활자로 만들어져 책으로 나왔을 때 참 기뻤더랬다. 글을 쓰는 사람들은 이런 재미로 사나보다, 생각했던 아스라한 옛날이야기.

1989년 11월 9일 베를린 장벽이 무너지고, 이듬해 10월 3일 동서 도이칠란트가 재통일되는 과정을 지켜보면서 『강철은 어떻게 단련되었는가』를 번역했던 때는 또 어떤가?! 야경꾼으로 베를린의 밤을 지키면서 독수리 타법으로 '286 컴퓨터' 도움을 받으며 한 줄 한 줄 끙끙대며 주인공 파벨 코르차긴의 놀라운 이야기를 옮겼던 시절. 거의 6개월 동안 하루 18시간 강행군해가며 장편소설 번역을 마치고 난 뒤의 개운함은 오래도록 잊히지 않는 추억으로 남았다.

하지만 지금까지 가장 유쾌하고 마음 따뜻하게 자리한 출간의 추억은 2005년 『문학교수, 영화 속으로 들어가다』가 세상과 만난 일이다. 당시 경북대 인문대학 부학장 노릇을 하고 있던 터였는데, 출간을 축하하려고 <오마이뉴스> 기자가 학교를 찾아왔다. 2003년부터 <오마이뉴스>에 영화평을 투고했던 터라, 그동안 모은 글을 한 권의 책으로 출간한 것이 『문학교수, 영화 속으로 들어가다』 첫 권이었다. 그것이 이번 책으로 여덟 번째 출간을 맞게 되었다.

나도 그랬지만 주변에서도 뭐, 곧 그만두겠지 생각했다고들 한다. 그런데 나의 근기(根氣)가 의외로 만만치 않았던 모양이다. 2-3년을 주기로 『문학교수, 영화 속으로 들어가다』를 출간하였으니 말이다. 필시 누가 강제로 시킨 일이라면 분명히 여기까지 오지 않았을 것이다. 자신이 즐겁고 행복해서 오랜 세월 용케 버텨온 것이 아닌가 한다. 2,500년 전 공자가 "知之者 不如好之者 好之者 不如樂之者"(『논어』, 「옹야편」)라 하지 않았던가?! "아는 것은 좋아하는 것만 못하고, 좋아하는 것은 즐거워하는 것만 못하다."

그렇다면 나는 무엇을 좋아했던가, 궁금해진다. 영화인가, 영화에 관한 글을 쓰는 것인가?! 영화는 2차원 평면에 구현하는 3차원의 세계다. 앞으로 어떤 기술이 적용되어 영화의 시공간을 확장할 것인지 궁금하지만 아직은 그런 형편이다. 기술과 자본이 예술과 결합하여 신기원을 이룩한 최고의 종합예술 영화. 수많은 관객이 극장이 아니라, 영화관에 몰리는 현상은 지극히 당연한 노릇이다. (연극과 오페라, 발레는 극장에서, 영화는 영화관에서 보는 것이다!)

일찍부터 문학과 연극에 경도된 나에게 영화는 다소 늦게, 그것도 뜨뜻미지근하게 다가온 예술 양식이다. 본격적으로 영화에 관심을 가지기 시작한 것은 2000년대 벽두의 일이다, 20년 남짓 세월이 흐른 셈이다. 그전에 나를 사로잡은 몇 편의 영화가 물론 있다. <아마데우스>, <플래툰>, <원스 어폰 어 타임 인 아메리카>, <동사서독>, <비포 더 레인>, <데드 맨 워킹> 같은 영화를 들 수 있다. 그렇지만 역시 21세기 들어서 나는 본격적으로 영화를 만났다.

대구의 문화단체 '예술마당 솔'에서 시민들을 대상으로 영화 보기 모임을 공동으로 진행하면서부터다. 상당히 진지하고 깊이 있게 영화를 보고, 글을 쓰는 버릇은 그때 길러진 것이다. 영화를 좋아하는 사람들과 이런저런 얘기를 하다가 논의를 마무리하는 자리에서 반드시 제시해야 할 핵심적인 논점이 필요했던 까닭이다. 대개는 영화를 논하기 전에 장문의 글을 써서 모임방 홈페이지에 올렸던 기억이 생생하다. 그것이 지금까지 이어져 온 것이다.

우리의 영화 보기 모임은 '예술마당 솔'과 이런저런 이유로 작별을 고한다. 그러다가 2007년에 '가락 스튜디오' 극장장이 영화 이야기를 다시 시작하자는 제안을 해왔기로 흔쾌하게 동참하게 된다. 하지만 그 사이에 여러 가지 우여곡절이 있었고, 나도 2019년 옹근 한 해를 전남대 교환교수로 다녀왔기에 모임에 소홀한 면도 많았다. 그러다가 불거진 코로나19 사태. 그 때문에 '가락'에서 영화를 보는 모임은 아직도 열리지 않고 있다.

그러던 차에 대구 문화방송국(엠비시)에서 시사와 인문학을 겸한 라디오 생방송을 진행해보면 어떻겠는가, 하는 제안을 해왔다. '시사와 인문학이 있는 저녁'이라는 의미를 가진 '시인의 저녁' 프로그램이 2020년 10월 5일 출범한다. 월요일부터 금요일까지 주5일에 걸쳐 매일 45분 생방송으로 진행되는 '시인의 저녁'. 그 첫날인 월요일 인문학 시간에 어김없이 영화 이야기가 나온다. 그러다 보니 다시 부지런하게 영화를 찾아서 살펴보기 시작한 게다.

세계적인 전염병으로 자리매김한 코로나19 덕분에 영화관 가는 일이 즐거워진 것이 비단 나만의 일인지 알고 싶다. 영화관을 찾는 관객들의 예의 없는 행동으로 빈정 상한 일이 한두 번이 아니었는데, 요즘 영화관에는 관객이 뜸하다. 자연히 조용하고 쾌적한 환경에서 영화를 보게 되었으니, 나로서는 언감생심 천만번 반가운 일이다. 어느 때는 세 시간을 혼자서 영화관 전체를 독점하는 일도 있다. 이것이야말로 코로나19의 선물 아니고 무엇이랴!

그나저나 이제는 코로나19와 작별할 때도 되었다. 반면에 역병(疫病)의 창궐로 인해 다채로운 영화를 보게 되었음은 또 다른 축복이다. 영화 제작사나 수입사 그리고 단역 배우들의 심각한 재정난은 실로 유감이지만, 영화 다양성이라는 면에서 보면 전염병 덕분에 아주 다양한 영화를 보게 되어 흐뭇한 마음이다. 어쩌면 내 인생에 다시 오지 못할 추억일지도 모르겠다. 결국 나는 영화도 많이 보고, 영화평도 쓰게 되는 이중의 즐거움과 고통을 경험하게 된 셈이다.

앞으로 남은 욕심이 있다면, 『문학교수, 영화 속으로 들어가다』 연작을 10권까지 출간하는 일이다. "시작이 있으면 끝이 있기 마련"

이기에 기왕 착수한 일을 10권으로 마무리하고 싶은 것이다. 그렇게 된다면 2000년부터 적어도 25년 가까운 세월 우리나라에서 상영된 영화 가운데 내가 의미 있다고 생각하는 영화에 관한 글들이 10권으로 묶이게 되리라. 그것은 최소한 20년 정도의 영화 관련 기록으로 남게 될 것이다.

기록은 그 자체로도 의미 있지만, 영화에 담긴 매 시기의 독특한 색깔과 의미와 향기는 더욱 뜻깊을 것으로 생각한다. 그 시대를 살면서 우리는 어떤 영화를 보면서 견뎠을까, 하는 성찰과 반성의 계기로 작동하는 영화와 영화평. 이제 그 여덟 번째 서책 출간에 즈음하여 독자 제현의 관심과 질책을 기대한다. 언제나 퇴고를 마치면 다가오는 일말의 아쉬움과 부담감은 어쩔 도리 없는 천석고황이다. 여러분 모두에게 행운과 평안함이 함께 하기를 기원하며!…

2021년 7월 장맛비 내리시는
복현동 연구실에서 김규종

차례

문학교수,
영화 속으로 들어가다 8

천문: 하늘에 묻는다

감독 허진호
각본 정범식 이지민
출연 최민식, 한석규, 신구, 김홍파
개봉 2019. 12. 26.

세종, 천출과 국가의 근본을 세우다!

천문: 하늘에 묻는다

영화를 보다가 생각이 여러 갈래로 나뉘는 경우가 있다. 영화가 제기하는 문제가 다층적이거나, 줄거리 흐름이 뒤얽히기 때문이다. 전자는 입체적인 대본이라 평가를 받을 것이고, 후자는 엉성한 대본이라 비판받을 것이다. <천문: 하늘에 묻는다>(이하 <천문>)을 보면서 생각이 갈린 까닭은 전자 덕분이라는 생각이 든다.

조선왕조 518년 역사에서 유일하게 빛났던 시간대의 최고 권력자 세종. <천문>에서는 사건의 기둥을 군왕 이도(李祹)와 과학기술자 장영실의 인간적인 정리(情理)에 바탕을 둔다. 그들을 중심으로 당대의 지배집단과 정치권력, 조선과 명나라의 외교관계, 세종의 과학입국 의지와 자주의식 같은 다채로운 문제가 물 흐르듯 다뤄진다.

"이 영화는 역사적 사실에서 영감을 얻었습니다." 하는 문구가 첫 머리에 나온다. 이것은 <천문>이 '팩션 사극'이라는 점을 강조하기 위함일 것이다. 실제로 <세종실록>에는 "세종 24년에 발생한 '안여사 건'으로 대호군 장영실을 의금부에 내려 국문하게 하였다"는 기록이 남아있다고 전한다. 장영실은 그 후 역사에서 사라진다.

물시계와 측우기, 간의와 이도

1960년대 근대화 이전 한반도는 전통적으로 농본 국가였다. 물론 19세기 이전 세계전역의 거의 모든 나라도 농업 국가였다. 19세기 이후 영국을 필두로 하여 유럽에서 시작된 산업혁명으로 공업화가 급속도로 진행되고, 그로 인해 유럽 제국주의가 등장한다. 우리가 말하는 근대의 다른 이름은 유럽의 세계적 패권 수립이다.

입춘(立春)에서 시작하여 대한(大寒)으로 끝나는 24절기는 농사를 지을 때 긴요하다. 나이 든 축이나 농촌에서 입에 달고 사는 절기는 실상 중국을 기준으로 만들어졌다. 따라서 한반도에 맞는 시간과 절기를 갖는다는 일은 농업을 근간으로 한 조선에는 필수 불가결한 것이었다. <천문>에서 우리는 조선의 시간이 만들어지는 과정을 본다.

어디 그뿐이랴. 동래의 관노 출신 천재 과학자 장영실은 측우기와

천문관측기구 간의(簡儀)까지 만들어 군왕을 웃도록 한다. 1438년 세종 20년에 경복궁 경회루에 높이 31자, 너비 32자, 길이 47자의 대간의가 설치된다. 명에 의지하지 않고, 조선의 기술로 완성된 간의를 보고 조신의 하늘과 별을 가지게 되었노라 기뻐하는 이도.

<천문>에서 인상적인 대목은 천출 영실과 이도가 맺는 관계다. 어느 늦은 밤 영실을 불러 별 이야기를 시작하는 세종. 어린 시절부터 하늘의 별이 좋았다는 이도는 영실에게 함께 눕기를 명하고 나란히 하늘의 별을 바라본다. 아스라이 먼 하늘에서 찬란하게 빛나는 북극성이 군왕의 별이라 말하는 영실에게 옆자리를 나눠주는 이도.

조선의 홀로서기와 영실의 면천

노비 출신이기에 영실은 낮에는 함부로 고개를 들지 못하였다고 한다. 하지만 사위(四圍)가 캄캄한 밤하늘을 우러르면 하늘은 한 번도 그를 나무라지 않았다 한다. 그런 영실에게 정5품 벼슬을 내리고 면천(免賤)을 시켜주는 세종. 나라를 위하는 일에 자질과 능력을 갖춘 자라면 그가 천출이든 상민이든 무슨 관계가 있겠느냐는 군왕.

장마철 야심한 시각에 하늘의 별을 보여 달라는 군왕에게 영실은 정말로 아름다운 28수 별자리와 별 중의 별 북극성을 보여준다. <천

문>에서 가장 아름답고 잘 만들어진 장면이 아닐까 한다. 까만 밤하늘을 배경으로 반짝이는 뭇별들의 향연! 이 장면에서 우리는 군왕 세종이 아니라, 인간 이도와 영실의 하나 됨을 만난다.

세종이 영실을 가까이하고 인간적인 정리를 나눔은 그에게 내재한 나라와 백성을 향한 크고 너른 사랑이리라. 출생의 근본을 따지고 묻는 사대부의 고루하고 남루한 영혼과 확연하게 구분되는 담대하고 섬세한 이도의 품격과 인간 됨됨이가 환하게 빛난다. 그가 "저 별들이 모두 내 백성으로 보이는구나!" 할 때의 감동은 크고 깊다.

세종은 정녕 조선의 홀로서기를 관철하려던 군왕이었음을 허진호 감독은 말하고 싶었던 모양이다. 하되 '호사다마(好事多魔)'라 했던가. 대사헌 정남손을 비롯한 사대부들이 반기를 든다. 그들의 주장은 명쾌하다. "명나라 없는 조선은 없다!"는 것이다. 조선 자체의 과학기술도 문자도 명나라의 허락을 받지 않으면 전혀 불가하다는 그들의 주장!

조선의 군왕과 사대부

조선은 군왕과 사대부가 권력을 분점하는 독특한 체제를 가진 국가다. 영화에서 보이는 세종의 책상 위에 놓인 상소 꾸러미가 그것을 입증한다. 하루의 일과를 마치고 군왕이 일일이 답해주어야 하는

문학교수, 영화 속으로 들어가다 8

사대부의 상소문이 조선의 여론 형성과정을 여실히 보여주는 것이다. 영의정은 말한다. "사대부가 없으면 전하의 안위도 위태롭사옵니다."

조정의 벼슬아치들과 사대부가 하늘처럼 받들어 모신 천조국(天朝國) 명나라와 나란히 서려던 세종의 꿈은 어그러진다. 명나라 사신 앞에서 대간의를 끌어 내리고 불붙이는 장면이 그것을 상징한다. 속으로 피눈물을 쏟으며 인고했던 세종이 꺼내든 회심의 일격은 '반역'의 음모를 밝혀내는 것이다. <천문>의 예기치 못한 반전이다.

하지만 영화는 사건과 장면을 간단하게 바꿔버린다. 어가(御駕)를 위태롭게 했다는 이유로 반역죄를 들먹이던 세종과 공포의 검은 곤룡포. 영화의 긴장감이 고도로 응축되는 시점에 <8월의 크리스마스> 허진호가 슬며시 꼬리를 내린다. 그는 이미 배가 부른 것이다. 하고 싶은 말과 생각을 모조리 털어놓은 터, 새삼 뭐가 아쉽겠는가?!

오늘날에도 가진 자들 상당수가 공감하는 또 다른 '천조국' 미국에 대한 일방적인 의지와 의탁. 주한미군 주둔 비용 6조를 내주면서까지 우리의 국방을 미군에게 맡기자는 자들의 생각을 빼닮은 조선의 사대부들과 벼슬아치들. 그들에게 하늘과도 같은 상국(上國)이자 사대의 대상이 시대와 더불어 바뀌었을 뿐, 내면의식은 예나 지금이나 똑같다.

글을 마치면서

'안여사건'으로 곤장 80대를 맞은 장영실은 웬일인지 그 후 종적도 없이 사라진다. 영화가 주목하는 대목은 여기다. 대체 그는 어디로 갔단 말인가. 세종의 총애를 한 몸에 받고 조선의 과학과 기술을 위해 견마지로(犬馬之勞)를 아끼지 않은 영실은 왜 역사에서 지워지고 말았는가?! 임권택 영화 <취화선>의 장승업처럼 장영실의 역사도 완전히 잊힌다.

하되 <천문>은 인상적인 장면을 선사한다. 국문(鞫問)하던 세종이 눈물범벅이 되어 영실에게 묻는다. "너의 눈에는 무엇이 보이느냐?!" 군왕에게만 들리는 소리로 영실이 답한다. "전하의 나라와 백성이 보입니다." 이것이야말로 허진호가 관객에게 전달하고자 했던 고갱이 아닐까?! 노비와 군왕이 함께 나눈 조선의 현재와 미래.

우리는 21세기에도 금수저와 흙수저로 표현되는 불평등의 나락에 빠져있다. 조선의 국왕보다 넉넉하고 배부르게 살면서 이웃이 굶고 얼어 죽는 황망한 세상에서 안온하고 평안하게 살아간다. 동시에 정부와 대통령을 비난하고 손가락질하기에 분주하다. 모든 것이 국가 책임이라는 의식에 젖어 오롯이 나와 가족의 행복에 몰두한다.

세종은 국가정책을 결정할 때 세 계층의 소외된 사람들을 제일 먼

저 생각했다고 한다. 버려진 아이와 무시당하는 노인 그리고 힘없는
노비였다. 어디에도 의탁할 곳 없는 사람들을 최우선으로 고려하면서
정책을 입안하고 실행한 세종. 600년 전 조선왕조보다 나아지지 못
한 21세기 대한민국 국민은 얼마나 행복한지, <천문>은 강렬하게 묻
는다!

남산의 부장들

감독 우민호
각본 우민호 이지민
출연 이병헌, 이성민, 곽도원, 이희준
개봉 2019. 12. 26.

10.26의 실체를 찾아서
남산의 부장들

누구나 아는 이야기를 영화로 만드는 일은 쉽지 않다. 이름난 소설이나 희곡을 영화로 만들어 성공한 경우가 드물다는 사실이 그것을 입증한다. 그렇지만 해마다 적잖은 서사 작품이 영화로 만들어진다. 지금까지 만들어진 세계영화의 30% 정도가 소설원작에 기반하며, 성공한 소설의 80%가 영화로 만들어진다고 한다.

영화 <남산의 부장들> 원작은 같은 이름의 논픽션 베스트셀러에 기초한다. 남산은 1960년대 이후 독재 권력의 산실이었던 중앙정보부가 위치한 장소를 가리키며, 부장은 그곳의 최고 권력자를 뜻한다. 따라서 원작은 김재규뿐 아니라, 그 이전의 인물들을 포괄한다. 하지만 영화는 10.26과 김재규(영화 속 김규평)를 중심에 두고 펼쳐진다.

<내부자들>(2015)로 일약 유명해진 우민호 감독은 영화 첫머리에서 허구의 개입을 통지한다. 각본을 쓴 감독의 상상력이 곳곳에 동원됐다는 얘기다. 더욱이 영화가 주목하는 시간은 10.26 사건이 발생하기 직전 40일이다. 1961년 5.16 군사 쿠데타 이후 박정희의 18년 철권 통치를 끝장내는 40일 동안의 인간군상과 사건기록!

40일의 사건과 인물

<남산의 부장들>은 40일을 다루기 때문에 1979년 9월 15일에 시작하여 10월 26일 끝나도록 예정돼 있다. 제한된 시간이지만 공간은 상당히 확장되어 있다. 청와대, 남산, 궁정동 안가, 미국 대사관, 워싱턴, 파리, 부산과 마산 등등. 한국과 미국을 넘어 프랑스까지 공간이 확장된 것은 알려진 것처럼 김형욱 (영화 속 박용각) 전 중정부장 때문이다.

우리는 1979년 가을의 40일과 연루된 인물들과 사건을 개략적으로 알고 있다. 여기서는 다만 최고 권력자 박정희와 결부된 대표적인 인간군상의 면면만 지적하자. 김재규 중정부장, 차지철 (영화 속 곽상천) 경호실장, 김계원 비서실장, 전두환 보안사령관, 정승화 육군참모총장, 글라이스틴 주한 미국대사 등이 그들이다.

그들이 집중하는 지점은 단 하나. 박정희가 통치한 18년에 담긴 의미와 종착점이다. 종신 최고권력, 총통을 꿈꾼 인간 박정희와 "각하가 곧 국가"라는 등식을 금과옥조처럼 내세우는 차지철. 주한미군 철수까지 기론하며 김재규를 압박하는 글라이스틴. 미 하원 증언대에 선 김형욱을 무마하면서 '혁명'의 본질을 고뇌하는 김재규.

김재규와 이병헌

중앙정보부장 김재규 배역을 맡은 이병헌에게는 <남한산성>(2017)의 최명길 냄새가 난다. 주전파 김상헌의 대쪽 같은 성품과 기개가 아니라, 국가 안위를 총체적으로 사유하는 주화파 최명길. 개인적인 소신이나 절개보다 나라와 백성 그리고 임금의 권력이 더 소중하다는 사실에 기초하여 행동하는 최명길. 그런 인간의 내면을 그려낸 이병헌.

<남산의 부장들>에서 감독은 김재규의 내면세계가 어떻게 변해가는지에 초점을 맞춘다. 심리 스릴러나 사이코드라마가 아님에도 감독은 김 부장의 표정과 동작 하나하나를 세심하게 챙긴다. 이른바 '혁명 주체세력'의 동질성과 혁명목표의 실현에 대한 대통령과 중정부장의 시각차를 잡아내지 못하면 영화는 평작(平作)에 머물 수밖에 없기 때문이다.

영화에서 설득력 있는 장면들은 김형욱 암살과 관련하여 이병헌이 보여주는 복잡다단한 표정 연기에서 찾을 수 있다. 죽어버린 친구이자 지난날 혁명동지 '김형욱'을 위해 제주(祭酒)를 높이 드는 김재규. (김재규는 김형욱과 달리 5.16 군사 쿠데타에 참가하지 않았다. 영화에 극적인 긴장과 재미를 도입하고자 감독이 의도적으로 사실을 왜곡하여 김재규가 김형욱과 거사를 함께 도모한 것으로 그려낸 것이다). 이것은 김재규의 인간 됨됨이를 여실히 포착하는 장면이다. 그런데 그도 김형욱도 차지철도 박정희에게 똑같은 지시를 받는 대목이 인상적이다.

"임자가 알아서 해. 임자 옆에는 내가 있잖아!"

김재규와 차지철

박정희는 2인자를 결코 곁에 두지 않는다는 말이 김형욱의 입에서 흘러나온다. 1960년 5월 16일 동트기도 전에 장갑차를 앞세우고 한강 다리를 건넜던 쿠데타 거사 동지 김형욱과 김재규. 목숨을 걸고 총탄이 날아오는 과거를 함께 했지만, 그들은 이제 박정희 권력을 매개로 적대적인 관계를 유지하고 있다. 부자지간도 이간질한다는 권력!

그와 아울러 영화는 우리를 박정희를 정점에 두고 김재규와 차지철이 벌이는 노골적인 권력 쟁투를 생각하게 한다. 그것의 정점은 <김형욱 회고록> 출간을 둘러싼 박정희의 크나큰 분노와 양자의 충

문학교수, 영화 속으로 들어가다 8

성경쟁이다. 2인자 자리를 놓치지 않으려는 김재규와 그의 실수를 빌미 삼아 2인자가 되려는 차지철의 권모술수가 치열하게 펼쳐진다.

문제는 그들 사이의 차이에 있다. 인간성과 역사의식, 국가관에서 김재규와 차지철은 물과 기름 같은 관계다. 오직 1인자 독재자에게 충성함으로써 개인 권력을 공고히 하려는 차지철. 반면에 김재규는 야당과 대미(對美)관계, 부마항쟁에 대한 유연한 자세를 견지한다. 세 상을 바라보는 시선과 깊이에서 그는 차지철과 천양지차를 보인다.

이런 맥락에서 '버러지 같은 놈'이라든가, '대국적(大局的)인 견지에 서 국가경영' 운운하는 김재규의 발언에는 충심이 내재(內在)돼 있다. 18년 독재의 마지막을 박정희와 함께하려는 그의 흉중에는 최고권력 을 향한 강력한 권력의지는 존재하지 않는다. 필시 그것은 목숨을 걸고 실행한 쿠데타의 우두머리에 대한 인간적인 정리(情理) 때문일 것이다.

10.26을 바라보는 엇갈린 시각

우리는 아직도 김재규의 삶과 철학, 그가 결행한 10.26거사의 근본 동인(動因)을 알지 못한다. 그것은 영화에서도 다루지 않는다. 보안사 령관 전두환의 일방적인 평가와 판단이 김재규의 자기변호와 엇갈릴

뿐, 사건의 전면적인 진실은 가려져 있다. 41년 전에 발생한 중차대한 현대사의 한 페이지가 여전히 어둠 속에 가려져 있는 셈이다.

영화는 몇 가지 시사점을 던지면서 우리의 판단을 유도한다. 청와대 비밀금고를 열고 금괴와 지폐를 챙기는 보안사령관. 대통령 자리에 오르려고 박정희에게 총을 쏘지 않았다는 김재규. 다만 우리는 명징하게 알고 있다. 10.26 거사 이후 46일 만에 보안사령관 전두환을 필두로 한 12.12 군부 쿠데타가 일어나 군부독재가 연장되었다는 사실을.

그래서다. 아직도 진실은 가려져 있지만, 김재규가 '유신의 심장'을 쏘지 않았다면 한국 현대사의 향방은 어찌 됐을까?! 부마항쟁 시위대에게 직접 발포 명령을 내리겠다면서 막장의 권력의지를 표명했던 박정희. 그의 든든한 우군(友軍)으로 기능하는 차지철과 전두환. 무능과 보신으로 일관하는 정승화와 김계원. 과연 한국의 운명은 어찌 됐을까?

글을 마치면서

2시간 가까운 상영시간이 금세 지나간다. 상영 전에는 무척이나 소란스럽던 객석에서 한 번도 소음이 일어나지 않는다. 영화의 몰입

문학교수, 영화 속으로 들어가다 8

도가 상당하다는 방증이다. 20대 관객이 9할 이상 차지하는 객석의 현대사 지식은 가벼운 듯하다. 그러나 영화를 향한 그들의 집중도는 지식과 무관하게 유쾌하게 다가온다. 어쨌든 문제 제기는 제대로 한 것이므로.

2005년 임상수의 <그때 그 사람들>은 10.26을 향한 첫 번째 제비였으나, 그것이 전부였다. 흥행도 역사도 문제의식 제기에도 참패했던 영화로 기억한다. 그런 점에서 <남산의 부장들>은 젊은 세대에게 무엇인가 생각하도록 인도하는 영화다. 한반도 문제가 비단 청와대나 중앙정보부 같은 특정 집단이 전유하는 것이 아님을 인식하게 하는 것 같다.

요즘도 우리는 그때와 마찬가지로 대미(對美)관계, 대북(對北)관계, 대일(對日)관계 등으로 분망하다. 외교의 밑바닥에는 민주주의를 향한 다수 민초(民草)의 열망과 의지가 항시 내재해 있다. 그것을 염두에 두고 있던 김재규와 그것과 정면으로 맞서려던 박정희와 차지철 그리고 전두환 일당의 역사의식이 어떻게 다른지 <남산의 부장들>은 긴장된 얼굴로 일깨운다.

도망친 여자

감독　홍상수
각본　홍상수
출연　김민희, 서영화, 송선미, 김새벽
개봉　2020. 09. 17.

여자들은 왜 도망치는가
도망친 여자

홍상수 영화에서 사건의 인과성이나 명확한 갈등, 인물의 명징한 성격 부여를 기대하는 것은 '한강에서 바늘 찾기'다. 영화가 끝난 지점에서 다시 시작한다고 해도 놀랄 일은 아니다. 특별하거나 대단한 사건이 일어나지도 않으며, 기막힌 상상력이나 반전이 있는 것도 아니다. 누구나 어디서든 마주칠 법한 평범한 사건과 인물이 홍상수에게 오면 영화가 된다.

그러다 보니 어떤 이는 이게 영화야, 하고 고개를 갸웃거린다. 그럴 만하다. 우리가 영화관에서 기대하는 것은 홍상수 영화와 거리가 한참 멀기 때문이다. 현대의 관객은 일상 혹은 일상성과 거리를 둔 '영화다운' 영화를 보러 영화관에 가기 때문이다. 그들에게 필요한 영화는 두 시간 남짓의 놀랍고도 기이한 가상여행이기 때문이다.

누구에게나 가지 않은 길이 있고, 살지 못한 인생이 있다. 경험하지 못한 미지의 세계와 시간과 관계에 대한 향수를 영화에서 찾는 것이다. 그것이 상상이나 공상의 세계에서만 가능하다 해도 출구가 봉쇄된 21세기 관객은 도피처가 필요하다. 질식할 것 같은 현실과 잠시 작별하려는 작은 꿈마저 아작내는 것이 홍상수의 특출한 재능이다.

반복의 변주

<도망친 여자>는 결혼 5년 만에 남편에게서 '놓여난' 여자 감희의 사흘 여정을 다룬 영화다. 사실 '여정'이라야 빈약하다. 나이 먹은 아는 언니들을 방문하고, 혼자 영화관에 들르는 것이 고작이다. 영화는 정확히 사흘 동안 감희를 둘러싸고 일어나는 시공간과 관계의 서사에 주목한다. 그렇다고 해서 극적인 사건이 일어나지도 않는다.

홍상수의 다른 영화처럼 <도망친 여자>에도 반복은 예외 없이 얼굴 내민다. 영순을 찾아간 날에는 쇠고기를 구워 막걸리와 함께 먹고, 수영의 집에서는 파스타와 포도주를 곁들인다. 그것이 우진의 공간에서는 사과로 단출하게 바뀔 뿐 변화는 그것이 전부다. 감희가

찾았거나 우연히 만난 사람은 그녀와 먹을 것과 마실 것을 나눈다.

그녀들과 대면하면서 감희는 세 번이나 남편의 말을 되풀이한다. "사랑하는 사람은 언제나 함께 있어야 한다는 거야." '사랑'이라는 이름으로 지난 5년 동안 단 하루도 떨어진 적 없다는 감희 부부 이야기는 그녀들에게 생뚱맞게 들린다. 특히 결혼하지 않은 수영은 화들짝 놀라기까지 한다. 경험 이전의 세계가 생경하게 다가오는 까닭이다.

영화의 남자들은 건축가, 번역가, 극작가, 시인처럼 홍상수 영화의 판박이들이다. 그들과 그녀들의 관계도 반복 수준을 넘지 않는다. 순영의 전남편은 닭장의 수탉처럼 영역 밖 순영에게 무심하다. 자유로운 삶과 섹스를 즐기는 수영은 소문을 걱정하지만 심각하지는 않다. 우진은 남편의 유명세를 질투하면서 그의 진심을 깊이 의심한다.

등 돌린 남자들

순영의 집 초인종이 울린다. 낯선 남자가 찾아온 것이다. 그의 용건은 단출하다. 길고양이를 치워달라는 것이다. 우리는 고양이를 둘러싼 그들 사이의 자질구레한 아웅다웅 다툼을 여자들의 말과 표정으로 수용한다. 문제를 제기하는 남자는 관객에게 등을 돌리고 서 있다. 따라서 우리는 그의 얼굴을 전혀 볼 수 없다. 얼굴도 없이 등 돌린 남자.

스물대여섯 된 열혈시인이 수영의 집 벨을 울린다. 그는 자신의 마음을 알아주지 않는 수영이 자신을 모욕했다고 생각한다. 그의 말은 생경하게 다가온다. "나한테 수치를 주셨잖아요?!" '수치를 주었다'는 표현이 못내 가슴에 걸린다. 그도 등을 돌리고 항의한다. 핑하니 사라지는 시인의 모습이 잠시 보일 뿐 우리는 그의 표정을 모른다.

복합문화공간 지하에서 북 콘서트를 진행하려는 정 선생과 우연히 마주친 감희. 그녀가 우리를 바라보고 있기에 남자는 등만 보인다. 언젠가 애인 관계였다는 두 사람의 어색한 조우와 아무 색깔도 향기도 의미도 없이 진행되는 대화. 담배를 피우면서 지난 시절의 낡아빠진 유성기처럼 "근데 여긴 왜 왔어?"를 되풀이하는 남자.

등 돌린 남자들의 공통점은 소심하고 '찌질하다'는 것이다. 아내의 대변인 노릇을 자처하면서 무슨 위원회를 말하는 남편. 거의 울먹거리며 여자에게 사랑을 구걸하는 시인. 유명 작가이면서도 스스로 겸연쩍어하는 정 선생. 이 지점에서 감희가 감히 말한다. "그렇게 말을 많이 하시면 누가 그걸 믿겠어요? 왜 그렇게 말을 많이 하세요?"

도망치는 여자들

영화 제목이 흥미롭다. <도망친 여자>?! 도망친다는 것은 누군가 혹은 무엇인가 싫거나 무서워서 그 자리나 대상을 피해서 장소를 이동하는 것이다. 그것도 아주 싫은 내색과 서두는 기색이 역력한 경우, 도망친다는 어휘를 쓴다. 그런데 보라! 영화의 여자들 가운데 누가 도망쳤는가?! 누가 어디로 어떻게 왜 도망쳤다는 말인가?!

남편이 자리를 비운 고작 며칠 동안 감희는 그와 함께했던 집을 떠난다. 남편의 지극한 사랑에서 일탈하면서 자신의 세계를 돌아보는 것이다. 이혼한 전남편의 삶을 짧게 반추하면서 순영은 "왜 연락해? 잘살고 있는데!" 하면서 확연한 별리(別離)를 확인한다. 수영은 대놓고 "너 스토커야?!" 하면서 남자를 훈계하고 닦달한다.

우진은 한술 더 뜬다. "방송에 나가서 지난번에 했던 말을 얘기하고, 또 하고. 아니, 거기에 무슨 진정성이 있겠니? 그게 진실일까?!" 하면서 남편의 다변에 정떨어진다는 표정으로 감희에게 동조를 구한다. 북 콘서트를 찾는 사람들을 이해할 수 없다는 우진의 말에서 묻어나오는 짙은 피로와 짜증의 그림자는 그녀 삶의 현주소를 웅변한다.

왜 그녀들은 전남편이나, 전 애인이나, 현재의 남편이나, 출장 나간 남편에게서 도망치는 것일까. 삶의 피로와 권태 때문일까 (순영), 순간의 일탈로 인한 자기변명일까 (수영), 다변의 공허함에 대한 저항이나 역겨움일까 (우진), 사랑을 입에 달고 사는 남편에 대한 거리 때문일까 (삼희)?! 이런 문제를 던지는 영화 <도망친 여자>.

영화의 구조와 미덕

감희의 동선을 따라가면 동심원 구조가 나온다. 서울 외곽(순영)에서 인왕산이 보이는 공간(수영)으로, 다시 도심(우진)으로 장소가 옮겨진다. 거기 개입하는 인물도 낯선 남자에서 하룻밤 사랑을 거쳐 감희의 옛 애인으로 점점 구체화한다. 동심원 외곽에서 시작하여 중간지대를 거쳐 마지막에는 원의 중심으로 들어오는 것이다.

감희는 그들 집에 설치된 화면으로 그들을 보거나, 실물을 확인한다. 그녀가 틈입(闖入)할 위치도 그럴 상황도 아니기 때문이다. 그러다가 마침내, 떠나온 남자 정 선생과 정면으로 마주치면서 대화를 시작한다. 방문객의 관점에서 벗어나 실제적인 대화의 중심인물로 전환하는 지점이 영화 마지막 장면에 배치된다. 그리고 바다가 나온다.

바다 장면은 시사하는 바 크다. 물결이 왼쪽에서 오른쪽으로 몰려오나 싶더니, 이내 오른쪽에서 왼쪽으로 몰려간다. 파도의 움직임을

문학교수, 영화 속으로 들어가다 8

정확히 가늠하기란 불가능하다. 그러나 바닷물의 본원적인 운동은 변하지 않는다. 현상의 배면에 저류(底流)가 흐르기 때문이다. 일상은 본질의 투영이고, 본질은 현상에 현현(顯現)한다.

그렇고 그런 장삼이사들이 시시콜콜한 일상과 서사를 가지고 77분을 버티는 영화 <도망친 여자>는 21세기 우리의 삶과 풍경이다. 우리 일상의 풍경과 사건은 저런 자잘한 소품과 알량한 지식과 인격과 대화와 관계에 기초하고 있지 않은가. 하루하루 주어진 시공간에 충실하면서 생의 마지막 날까지 허우적대는 것은 아닌가?!

글을 마치면서

<도망친 여자>가 베를린 영화제에서 은곰상인 감독상을 받았다는 소식이다. 좋은 일이다. 작년에 칸영화제와 오스카 영화제에서 봉준호의 <기생충>이 전한 쾌거만큼은 아니라도 한국영화의 저력을 보여준 유쾌한 전갈이다. 하지만 이런 소식은 작은 단신 정도로 전해질 뿐이다. 우리 뛰어난 기자들의 도덕적 청교도주의 덕분이다.

나는 홍상수 영화를 좋아하거나 그다지 높이 평가하지 않는다. 하지만 한 편의 소품 영화에도 허다한 사람들의 노고와 눈물과 땀이 배어있다. 그런 노력으로 세계 유수의 영화제에서 수상했다면 마땅히

축하하고 함께 즐거워할 일이다. 뭐 그리 대단한 도덕성과 남다른 미학적 기준을 가지고 있다고 홍상수와 김민희를 아직도 욕하는지, 정말 모르겠다.

프루스트의 「가지 않은 길」을 배우면서 우리는 아쉬움의 서정과 안타까움의 미학을 배웠다. 하지만 그것은 시적 화자의 목소리에 공감할 때 가능하다. 살지 못한 삶과 가지 않은 길에 대한 회한을 늦게까지 가지고 있음은 병적인 징후다. '그대가 원하지 않는 바를 타인에게 베풀지 말라!'는 것은 만고(萬古)의 진리다! 이제는 그만 수용할 때다!

  * 덧붙임: 『X의 즐거움』(2014)이란 책이 있다. 괴짜 수학자 스티븐 스트로가츠가 펴낸 수학 칼럼 모음집이다. 서책에서 내가 흥미롭게 읽은 대목 가운데 하나가 아주 간결하지만 유용한 방정식이다. 2분의 x 더하기 7이다. 사귀는 남녀 사이의 나이 차이가 크게 날 때 어디까지 허용 가능한가 하는 문제에 대한 해답이다.

  예컨대 남자나 여자가 50살이라면 x에 50을 대입하면 된다. 그러면 25 더하기 7이 나오고, 해답은 32다. 스트로가츠키에 따르면, 50살의 남자나 여자는 32살 이상의 연인을 두는 것은 별문제가 아니라는 것이다. 그것이 수학자들이 도달한 나이 차이의 최대 인내 지수라고 한다. 홍상수 감독과 김민희 배우의 관계에 특별히 불만인 관객은 그들 나이를 여기에 대입해 보기 바란다. 남의 사생활에 지나치게 관심 많은 사람은 잠시 돌아볼 일이다.

교실 안의 야크

감독 파우 초이닝 도르지
각본 파우 초이닝 도르지
출연 세랍 도르지, 펨 잠, 켈든 라모 구룽
개봉 2020. 09. 30.

철부지 선생, 야크가 되다
교실 안의 야크

교사를 주인공으로 한 영화는 많다. 루루의 주제가로 이름 높은 <선생님께 사랑을> (1967), 명배우 로빈 윌리엄스와 '카르페디엠'으로 알려진 <죽은 시인의 사회> (1989), 장예모의 소품 <책상 서랍 속의 동화> (1999), 선생님을 사랑한 소녀 이야기 <내 마음의 풍금> (1999), 부패 교사와 초등학생을 다룬 <선생 김봉두> (2003) 등이 금방 떠오른다.

한국에서 보기 힘든 부탄 영화 <교실 안의 야크>도 초등학교 교사를 주인공으로 내세운다. 그런데 '철부지 선생, 구름 위의 학교를 가다'는 포스터가 이채롭다. 멀리 푸르른 하늘이 펼치고, 그 아래 하얀 뭉게구름이 떠간다. 구름장들 아래 뾰족한 산봉우리에는 만년설이 쌓여 있고, 그 아래 초록의 산지와 초지(草地), 그리고 두 남녀가 있다.

포스터 하단에는 '은둔의 나라 부탄으로 초대합니다' 하는 문구가 새겨져 있다. 포스터로 우리는 많은 것을 짐작할 수 있다. 할리우드나 충무로 영화공식과 아주 다른 서정적이고 따사로우며 느린 영화가 <교실 안의 야크>다. 코로나19로 고통을 호소하는 사람들이 늘어가는 시점에 우리의 내면을 치유해줄 영화가 상영되고 있다.

로드무비

유겐은 히말라야 고산지대에 자리한 부탄을 떠나 호주로 이주하여 가수가 되려 한다. 부탄의 수도 팀푸에서 사범대를 졸업하고 교사로 일하는 유겐. 하지만 그는 아이들을 가르치는 데 아무런 흥미도 조금의 사명감도 없다. 부모 없이 할머니와 단둘이 살면서도 차라리 그 핏줄마저 놓아버리고 싶다. 답답하고 꿈도 없는 유겐의 느릿한 일상.

국가와 약속한 의무복무기간 5년을 빨리 마치고 싶지만, 교육부 장관은 그를 세계에서 가장 높은 오지의 루나나 초등학교로 전근을 보낸다. 유겐의 여정은 해발 2000미터에 인구 99,000명의 팀푸에서 시작한다. 그래서 영화는 로드무비의 성격을 가진다. 관광으로 사람은 변하지 않지만, 여행은 사람을 바꾸기도 한다. 유겐도 그럴 수 있을까?!

해발 2800미터에 인구 3천 남짓한 가사에 어둑할 무렵 도착하는 유겐. 팀푸에서 가사까지 차로 4시간이 걸린다. 가사에서 그는 자신을 안내할 길잡이 미첸과 싱게, 당나귀와 말을 만난다. 다음날부터 유겐은 엿새에 길친 산악 도보여행을 감수해야 한다. 트레킹 하는 사람들을 상대로 숙박을 제공하며 사는 인구 3명의 코이나.

코이나에서 하룻밤 유숙(留宿)하고 다시 루나나에 이르는 고행의 길. 이어폰으로 노래를 들으며 걷는 유겐. 그는 수려한 자연풍광과 물소리, 바람소리, 새소리 같은 것에 전혀 아랑곳하지 않는다. 어느 사품엔가 사람들이 기다리고 있다. 루나나 주민들이 선생님 오신다고 마중 나와 있는 것이다. 잠시 가슴이 뻐근하고 행복해지는 유겐.

루나나 사람들

하지만 거기서 다시 2시간을 더 가야 도착하는 루나나. 유겐을 맞이하는 촌장의 단아하고 겸손한 태도가 인상적이다. 루나나의 학교는 그가 경험한 팀푸의 학교와 너무 다르다. 먼지가 뽀얗게 내려앉은 책상. 칠판과 분필, 교과서와 공책도 없는 학교. 더욱이 '부엌'이라는 표지판이 내걸린 재래식 화장실. 유겐의 상심과 절망이 깊어만 간다.

솔직한 인간 유겐은 이런 곳에서 선생질할 생각이 전혀 없다. 속내를 촌장에게 털어놓고 팀푸로 돌아가려는 유겐. 만약 그가 빈손으로 돌아갔다면 <교실 안의 야크>라는 제목이 붙지 않았을 터. 이제부터 감독이 하고 싶은 영화언어가 시작된다. 과연 전교생 9명에 56명의 주민이 사는 해발 4800미터의 루나나에서 어떤 일이 벌어질 것인가?!

몇몇 장면은 중국 오지에서 찍은 <책상 서랍 속의 동화>를 떠올리게 한다. 그래서 울컥한 심정이 되기도 한다. 유겐이 숯으로 벽에 글씨를 쓰는 장면, 아이들에게 창호지 뜯어서 주는 장면, 펨잠이 유겐을 부르러 오는 장면. 아이들에게 꿈을 물어보는 유겐. 싱게가 선생님이라고 답한다. '사람들의 미래를 어루만지는 직업'이라는 말을 덧대면서.

촌장에게 들었던 말을 떠올리면서 유겐은 상념에 든다. 전기도 들어오지 않고, 종이가 돈 만큼이나 귀한 루나나. 자동차를 본 적도 없는 아이들. 미첸은 만년설이 녹아내려 설산(雪山) 사자가 살 곳이 줄어든다고 걱정이다. 강강술래처럼 손에 손잡고 둥그렇게 돌면서 춤추고 노래 부르는 아이들과 어른들. 바람결을 타고 어디선가 들려오는 살돈의 노래.

살돈과 야크

반장인 펨잠의 말에 따르면, 살돈은 루나나 마을 최고의 가수다. 그녀가 날이면 날마다 부르는 노래는 <야크의 노래>다. 마을이 내려다보이는 높은 곳에서, 단순하고 조금 구슬픈 곡조로 이어지는 <야크의 노래>. 유겐은 그녀와 노래에 관심을 보인다. 누구를 위해 노래하는지 묻는 유겐의 물음에 돌아오는 살돈의 대답은 뜻밖이다.

"검은목두루미는 누가 노래를 듣는지 신경 쓰지 않아요. 그저 세상에 노래를 바칠 뿐이죠. 나도 검은목두루미처럼 그렇게 노래하는 거예요."

살돈은 유겐에게 마을에서 가장 늙은 야크를 데려온다. 온종일 풀을 뜯다가도 저녁이 오면 집으로 돌아온다는 야크. 살돈은 똥이 필요한 만큼만 야크에게 풀을 주라고 말한다. '노르부'라는 이름을 가진 야크가 유겐의 삶으로 깊숙하게 들어온다. <야크의 노래>를 배우려는 유겐에게 자장가처럼 부르면 된다는 살돈.

그녀는 마을 사람들이 가장 슬퍼할 때가 야크 잡는 날이라고 말한다. 언젠가 가장 아끼던 야크가 티베트로 팔려나가야 했기에 그 야크를 죽여야 했던 촌장이 젊은 날 만들었다는 <야크의 노래>. 촌장은 유겐에게 "선생님은 전생에 목동이 아니라, 야크였을 겁니다." 하고 말한다. 루나나의 자연과 사람들에 동화(同化)된 유겐에게 보낸 찬사.

문학교수, 영화 속으로 들어가다 8

'교실 안의 야크'는 돌아올 것인가?!

모든 일에는 시작과 끝이 있다. 만남과 이별도 그렇다. '회자정리(會者定離)'는 누구에게나 적용되는 필연이다. 유겐에게도 작별의 시각이 닥친다. 펨잠의 크고 맑은 눈망울도, 살돈의 안타까운 목소리와 손놀림도, 미첸의 아쉬움도 뒤로 하고 유겐은 길을 떠난다. 높은 언덕배기에 만들어진 성소(聖所)에서 유겐이 앞장서서 신령들에게 제물을 바치고 기도한다.

장대에 매달린 깃발 룽다와 만국기처럼 이어진 타르초가 바람에 휘날린다. 경건하게 고개 숙이고 평안한 여로와 루나나로 돌아올 것을 기원하는 유겐. 여기서 우리는 봄날부터 겨울 초입의 시간까지 그가 얼마나 변하고 성장했는지 확인한다. 내면을 송두리째 바꾸지는 못했지만, 유겐은 팀푸를 떠날 때의 그 철부지 선생이 아니다.

호주 시드니 술집에서 기타 치며 노래하던 유겐이 갑자기 멈춘다. "돈값을 하라"는 주인의 말 뒤에 그가 부르는 <야크의 노래>가 객석을 사로잡는다. '교실 안의 야크'는 영화에서 노르부의 형상으로 실현되지만, 진짜 야크는 유겐 아닐까?! 루나나의 자연과 사람들과 풍경과 느릿하게 순환하며 이어지는 시간과 촘촘하게 엮인 유겐이 야크 아닐까!

"부탄이 행복지수 1등이라는데, 젊은이들은 행복이 외국에 있다고 생각해서 여길 떠나요!" 하는 촌장의 말이 비수처럼 꽂히는 영화. 교사와 의사가 국가공무원이며, 거지와 담배, 죄수가 없는 나라. 무상교육, 무상의료, 모든 국민이 유주택인 나라 부탄. 야크나 검은목두루미, 설산 사자처럼 유겐은 마침내 루나나로 돌아갈 것인가?!

* 사족: "멈춤으로써 달리는 이들을 앞지른다." 자이나교와 불교의 사상적 배경을 만들어준 우파니샤드 철학의 가르침이다. 서두르지 않고 유장하게 흐르는 시간의 흐름에 모든 존재를 맡기는 인간의 궁극적인 승리를 깨우친다. 유겐은 설산 자락 루나나 마을에서 다이어트에 성공한다. 스마트폰 다이어트, 걱정 근심 다이어트, 인간관계 다이어트.

그는 늘 자신의 주변을 맴돌던 스마트폰과 자연스레 멀어진다. 스마트폰을 통한 노래도 문자도 대화도 불가능한 루나나. 사회관계망서비스에 사로잡힌 현대인과 작별하는 유겐. 호주를 향한 집착에서 벗어나는 유겐. 부탄이 보장하지 못하는 미래와 행복을 갈망하며 마음 졸이던 유겐. 그러니 인간관계도 단출해진다. 가볍고 명료해진 인간 유겐.

<교실 안의 야크>는 우리가 오래전에 작별한 세계를 보여준다. 어허, 저런 세상과 사람들과 자연이 아직 지구촌에 남아있는 거, 맞

아?! 이런 낯섦과 경이로움 그리고 향수를 자극하는 영화가 <교실 안의 야크>다. 두 시간도 되지 않는 상영시간이 끝나면 누구도 쉽게 자리를 뜨지 못한다. 소박하고 따사로우며 정 깊은 부탄 영화의 힘 이다.

태양의 소녀들

감독 에바 허슨
각본 에바 허슨
출연 골쉬프테 파라하니, 엠마누엘 베르코,
     에롤 아프신
개봉 2020. 10. 22.

그녀들은 왜 총을 잡아야 했는가
태양의 소녀들

어떤 영화를 보고 나면 물에 젖은 솜처럼 무기력해진다. 가슴이 졸아들고, 주먹에 힘이 들어가며, 숨이 멎을 듯하다. 그러기를 몇 차례 넘겨야 영화의 마지막 자막이 나온다. <태양의 소녀들>은 그런 영화다. 자리를 털고 일어나기 어려운 영화. 정말 저런 일이 21세기 지구촌에서 벌어지고 있다는 게 믿기지 않는다.

2018년 칸영화제에서 대상을 받은 <어느 가족>과 심사위원상의 <가버나움>과 더불어 화제를 뿌린 영화 <태양의 소녀들>. 영화는 2014년 8월 31일 이슬람국가(IS)가 감행한 신자르 지역의 야지디족 급습사건에 기초한다. 하지만 영화에서 그려지는 사건과 장소 그리고 인물은 에바 허슨 감독의 상상력에 의지하고 있다.

우리에게 야지디족은 아주 생소하다. 이라크에 50만, 시리아와 아르메니아, 카프카스와 도이칠란트, 조지아 등지에 70만에 이르는 야지디족이 살고 있다. 그 가운데 이라크 북부 신자르 지역에 가장 많은 30만이 거주한다. 야지디족은 조로아스터교와 기독교, 이슬람교의 요소를 혼합한 일신교를 신봉한다.

여성들의 영화

<태양의 소녀들>은 여성영화다. 출연진은 물론 감독과 각본, 편집도 여성이 주역이다. 그들 중심에 프랑스 종군기자 마틸드와 야지디 전사 바하르가 있다. 마틸드는 전쟁을 전문적으로 기록하는 사진기자로 20년 경력의 베테랑이다. 남편을 잃고 공황장애에 시달리는 딸 이리스의 엄마. 전쟁의 상흔이 그녀의 왼눈에 남아있다.

남편과 아버지를 잃고 아들 헤민을 도둑맞은 여성 바하르. 이슬람 극단주의자들의 공격을 받기 전까지 평온하고 안락한 삶을 누리던 전직 변호사 바하르. 이들의 상실과 연대를 발판으로 <태양의 소녀들>은 진행된다. 여기 보태지는 여성이 바하르의 대학은사 달리아 사이드 교수다. 죽음을 무릅쓰고 동족을 구해내는 강인한 여성.

영화는 야지디 여성들이 왜 '태양의 소녀들'이라는 이름으로 총을

들게 되었는가를 추적한다. 대량학살과 인신매매는 물론이고, 7,000 여 명에 이르는 여성들의 강간과 그들의 도주와 판매 등이 아무렇지도 않게 일어난 것이다. 그런 무차별적인 폭력을 영화는 긴장된 시선으로 따라간다. 긴 여운을 남기는 '기록영화'의 흔적이 여기서 발원한다.

마틸드와 바하르는 참혹한 상실을 교감하면서 여성의 유대로 맺어진다. 목숨 걸고 총을 잡은 바하르와 총 대신 사진기로 그녀들을 기록하는 마틸드는 공동운명체임을 여러 번 확인한다. 동족을 학살하고 여성의 생명과 자식들을 유린(蹂躪)한 철천지원수를 죽이는 바하르. 시대와 사건의 증인이 되어 진실을 알리려는 마틸드.

나약한 남성과 강인한 여성

우리는 크림전쟁의 소용돌이에서 수많은 생명을 구해낸 백의(白衣)의 천사 나이팅게일을 기억한다. <태양의 소녀들>에 등장하는 여성들은 그런 부드러운 이미지와 거리가 멀다. 학살과 인신매매로 부모와 형제자매, 아들과 딸을 잃은 그들은 바싹 말라버린 눈물샘의 소유자들이다. '천사'가 아니라, '전사(戰士)'인 그들은 남성들보다 훨씬 강하고 단호하다.

바하르가 야지디족 지렉 장군을 찾는다. 그녀는 이슬람국가가 점령한 마을을 공격해서 잃어버린 아들을 찾고자 한다. 지렉 장군은 바하르의 제안을 일거에 거절한다.

"연합군의 공습이 있을 때까지 기다려라. 기다림도 전쟁이다!"

아군 사상자가 늘어날까 봐, 아군 화력이 적보다 약하고, 곳곳의 암초를 피하고자 지렉은 기다림을 선택한다. 바하르는 그런 지렉을 자꾸만 다그친다. 그녀에게 기다림이란 비겁한 지연술책과 다르지 않기 때문이다. 지렉 앞에 무릎 꿇고 간절하고 확실하게 선제공격을 주장하는 바하르. 유약한 남성 지렉을 설복(說服)하는 바하르.

여자에게 죽으면 천국에 가지 못한다는 이슬람국가 병사들의 믿음을 제대로 확인해주는 바하르. "네놈도 죽여줄까?" 하는 바하르의 거친 목소리에 상대 전화기는 묵묵부답이다. 극단주의자들마저 두려워하는 여성 전사 '태양의 소녀들'.

여성 전사들의 춤과 노래

객석의 들쭉날쭉한 호흡을 풀어주는 기제는 그들의 춤과 노래다. 11월의 냉기가 뼛속을 사무치는 한밤중. 그들은 화톳불을 피우고 어깨동무를 하고 춤을 추며 노래한다. 동료의식과 투쟁의지를 고취하고, 얼어붙은 몸과 마음을 녹이는 춤 노래. 너와 나의 어깨동무가 우리 모두를 해방의 날로 인도할 것이라는 무언의 다짐과 약속.

> "우리가 흘린 피는 모유가 되고,
> 우리의 죽음에서 새 생명이 솟아오를 것이다.
> 새로운 날이 밝을 것이니. 여성과 생명, 자유를 위해."

영화에서 인상적으로 다가온 구절은 '여성과 생명, 자유'였다. 전쟁의 참화에 무방비상태로 내던져지는 일차적인 대상은 여성과 아이들이다. 멀게는 임진왜란과 병자호란, 가까이는 6.25 한국전쟁이 그것을 입증한다. 야지디 여성 전사들은 여성을 가장 먼저 외친다. 피해자 여성이 아니라, 생명과 자유를 지키는 여성이 되겠다고 소리친다.

야지디족의 가부장적인 전통에 얽매여 살아야 했던 유약한 운명을 던져버리고, 자유롭고 당당하며 용감한 여성으로 재탄생하는 장면이다. 지아비의 아내이자 아이들의 엄마에서 독립적인 여성의 지위를 첫머리에 내세우는 바하르와 동료 전사들. 그래서 영화가 더욱 장렬하고 강인하며, 우리의 가슴을 요동치게 하는지도 모르겠다.

진실을 찾아서

저항과 투쟁으로 얻어질 여성과 생명과 자유의 새로운 시대를 노래하는 전사들. 그들의 표정과 죽음으로 점철된 전투와 포연 자욱한 전장을 빼곡하게 담아내는 마틸드. 철부지 소녀부터 중년의 가정주부에 이르기까지 총을 잡은 야지디 여성들. 이슬람국가의 성노예 포로에서 목숨 걸고 탈출하여 전사가 된 여성들의 이야기.

마틸드는 그런 여성들의 삶과 투쟁과 죽음을 세계 곳곳에 알리고자 한다. 그녀와 바하르의 대화에서 우리는 끔찍한 진실에 눈뜨게 된다.

> "그놈들은 나처럼 나이 먹은 여자는 금방 싫증 내요. 아홉 살, 열 살 먹은 어린애들을 좋아해요. 그런 애들이 이라크와 터키로 팔려나갑니다."

마틸드는 자신이 전하는 진실에 눈감은 세계를 담담하게 말한다.

"사람들은 진실을 외면하고 있어요. 그들은 돈으로 약속과 꿈을 사죠. 그래도 나는 진실을 알리고 싶어요. 총을 잡는 거나, 사진기를 드는 거나, 같다고 생각해요."

<태양의 소녀들>이 전하는 메시지는 매우 간결하다. 여성과 생명과 자유를 억압하는 극단적인 사상과 종교와 무기를 버려라. 모든 사람이 종교와 인종, 민족과 국경을 넘어 평등하고 우애롭게 살아가는 세상을 기원하는 영화. 그런 세상은 여성이 총을 잡지 않고도, 누군가를 죽이지 않아도 남성과 더불어 생명과 자유를 가질 테니까.

글로리아를 위하여

감독　로베르 게디기앙
각본　로베르 게디기앙, 세르쥬 발레티
출연　아리안 아스카리드, 제라드 메이란,
　　　장 피에르 다루생
개봉　2020. 10. 29.

우리가 알던 프랑스가 이런 나라야?!
글로리아를 위하여

폐쇄된 공간 안쪽이 열쇠 구멍으로 보이고, 노년을 바라보는 희끗희끗한 머리의 사내가 미동도 없이 앉아 있다. 이윽고 고개를 돌려 열쇠 구멍 이쪽을 무표정하게 바라보는 남자. 묵직하고 강인해 보이는 얼굴, 굳게 다물려 있는 입술과 깊은 주름살, 완강한 두 눈이 인상적이다. 무념무상으로 세상과 절연하려는 의지가 엿보이는 표정이다.

프랑스 마르세유 출신의 로베르 게디기앙은 우리에겐 낯선 영화 감독이다. 차라리 그는 카를 마르크스 탄생 200주년 기념 영화 <청년 마르크스>의 제작자로 친숙한 편이다. 그래서일까?! <글로리아를 위하여>는 수다스럽고 소소하며 시끌벅적한 여느 프랑스 영화들과

결이 사뭇 다르다. 뭔가 무겁고 뒷맛이 고약한 사건이 일어날 것만
같은 분위기.

영화의 원제는 <세상의 영광 'Gloria Mundi'>다. 2011년 리비아
의 절대 권력자 무아마르 카다피가 사망한 뒤 이탈리아의 실비오
베를루스코니 총리가 소환한 라틴어 구절이 "세상의 영광은 이렇게
지나간다. Sic transit gloria mundi"다. 게디기앙 감독이 의도했던
대목을 영화 수입사가 슬쩍 바꾼 것은 분명 상업주의와 관련돼 있
을 터다.

복잡한 가족관계

옷가게 임시직원 마틸드와 우버 택시 기사 니콜라 사이에 아이가
태어나 축복을 받는다. 아이 이름은 마틸드가 영화에서 보고 지은
글로리아다. 그들을 축복하는 어머니 실비와 아버지 리샤르, 여동생
오로르와 그녀의 남편 브뤼노의 얼굴이 화면 가득하다. 온 가족의
축복 속에 태어난 글로리아의 장밋빛 미래가 보이는 듯하다.

화목하고 행복해 보이는 이들 가족에도 남모를 아픔은 있다. 리샤
르가 실비에게 나직하게 말한다. "그 사람한테 편지해. 안 그러면 나
중에 후회할 거야."

관객은 그가 누구인지 궁금하다. 대서양과 가깝고, 파리 서쪽에 자리한 소도시 렌의 교도소에 수감(收監)돼 있는 실비의 전남편 다니엘이 편지의 수취인이다. 다니엘은 살인사건에 연루되어 20년형을 선고받고 복역 중이다. 실비의 편지를 받은 다니엘은 발신지가 모나코와 칸에서 멀지 않은 프랑스 제2의 도시 마르세유임을 확인한다.

> "당신한테 오래도록 연락하지 못해 미안해. 마틸드가 딸을 낳았는데, 당신 눈을 닮았어. 그래도 좋은 소식 전하게 돼서 좋아!"

무너지는 가족과 관계

<글로리아를 위하여>는 이렇게 얽힌 인물들의 갈등과 사건을 축으로 진행된다. 인구 160만의 대도시 마르세유의 풍광을 배경으로 펼쳐지는 도회지의 삶이 화면을 가득 채운다. '돈'으로 무너지는 가족과 관계가 영화의 고갱이다. 브뤼노와 오로르는 이민자들이 몰려 사는 구역에서 중고물품을 구매하여 수리해서 되파는 일을 한다.

물건값을 후려치는 오로르는 신분의 수직상승을 위해 아이 갖는 것도 포기한 여성이다. 브뤼노 역시 인색하기 그지없는 바람둥이이자 수완 좋은 사업가다. 반면에 마틸드와 니콜라는 형편이 좋지 않다. 우버 택시를 운전하다가 일반 택시 기사들의 폭력에 고스란히 노출된 니콜

라. 영화는 여기서 현대세계의 보편적인 문제를 건드린다.

게디기앙 감독은 여기서 멈추지 않는다. <나, 다니엘 블레이크>의 켄 로치 감독처럼 밀고 나간다. 우리는 실비가 일상으로 대면하는 외주청소 노동자의 고단한 일상과 노조 총파업을 둘러싼 첨예한 갈등의 목격자가 된다. 임시직 노동자 마틸드의 상황은 날로 악화하고, 버스 기사 리샤르 역시 악화하는 상황을 경험해야 한다.

이들이 부딪치는 잡다하고 소란스러우며 사람의 진을 빼는 구질구질한 일상을 다니엘은 묵묵히 들여다보고 수용한다. 20년 수형생활에서 체득한 침묵과 짧은 글쓰기 그리고 체념의 미학이 그를 단단하게 만든 것처럼 보인다. 젊은 날의 혈기방장함 때문에 많은 것을 잃어야 했던 다니엘은 가족의 또 다른 붕괴를 한사코 막고자 한다.

다니엘과 리샤르

렌에서 장거리 버스를 타고 마르세유에 도착한 다니엘은 하루에 10유로 하는 호텔에 여장을 푼다. 호텔의 장기 투숙객 대부분은 이민자들이거나 난민 출신이다. 프랑스인이라면 그런 곳에 머무르지 않는다. 20년 장기수로 복역한 그가 국가에서 받을 연금은 매달 600유로, 한화로 80만 원이 되지 않는다. 그의 말처럼 '누구 코에 붙이겠는가!'

리샤르가 다니엘에게 함께 지내자고 제안하는 대목은 우리에게 낯설게 다가온다. 에밀 졸라의 <목로주점>(1877)에 나오는 제르베즈와 쿠포, 랑티에 관계를 연상시키는 장면이다. 혼자 있는 것에 익숙한 다니엘은 리샤르의 제안을 받아들이지 않는다. 하지만 그들 사이의 유대는 실비와 마틸드, 글로리아를 매개로 깊어만 간다.

마틸드는 다니엘과 실비의 딸이고, 오르르는 리샤르와 실비의 소생이다. 하지만 리샤르는 늘 마틸드 편이었고, 지금도 마틸드를 편애한다. 일반적인 혈육 관념에서 벗어나 있는 리샤르와 다니엘이 부둣가에 글로리아의 유모차를 세워두고 이야기를 나누는 장면은 따사롭다. 프랑스인들의 사고방식은 생경하지만, 무엇인가를 생각하게 한다.

<글로리아를 위하여>는 느릿하고 여유롭게 등장인물들의 동선을 잡아내기에 관객은 반전(反轉)을 기대하지 않는다. 하지만 '세상의 영광'이라는 원제를 가진 영화가 그렇게 호락호락할 순 없다. 마틸드와 니콜라의 환희와 기대가 최고치로 올라갔다가, 한순간에 바닥 모를 나락으로 추락하는 순간 일어난 사건을 다니엘이 수습한다.

21세기 프랑스와 세계화

영화는 마르세유 곳곳의 마천루와 아름다운 풍경, 수많은 관광객과 다양한 피부의 이민자들을 보여준다. 그와 아울러 테러를 전담하는 중무장 경찰들과 도시 외곽지대의 빈민가, 밤이면 출몰하는 거리의 여자들까지 빼곡하게 화면에 담는다. 거기에 파업을 둘러싼 찬성파와 반대파의 대결과 충돌이라는 전통적인 갈등 도식까지 객석에 제공한다.

우리를 옥죄는 것은 1789년 대혁명 이후 프랑스가 선취한 무상의료와 무상교육으로 대표되는 사회보장이다. 돈이 없으면 잠시도 아이를 맡길 수 없는 탁아소, 의사의 진단서가 불가역적인 권위를 가지는 의료체계, <목로주점>의 여주인공 제르베즈도 넘지 못한 매춘의 굴레가 아직도 성행하는 세계 굴지의 선진국 프랑스의 민낯이 우리를 빤히 응시한다.

이주자들과 프랑스인들의 불완전한 화학적 결합과 일상화된 마약, 스마트폰 오남용이 거기 보태진다. 토스트 기기를 팔려는 이슬람 여성의 니캅을 벗겨서 신원을 확인하는 오로르에게는 인종주의 냄새가 난다. 이주자들의 천국 프랑스에 드리워진 세계화의 어두운 그림자가 짙게 드러난다. 그런 까닭에 관객은 다니엘의 짤막한 시편에 위로받아야 한다.

"지옥의 지붕을 걸으면서도 우리는 꽃을 본다."
"내 시계의 바늘을 떼어내도 시간은 멈추지 않는다."

안에 있으나 밖에 있으나 마찬가지라며 스스로 수인(囚人)이 되는 다니엘의 시간에 대한 숙고는 폭력의 무의미한 대물림을 멈추려는 노력이다. 19세기 말 제르베즈에서 나나에게 이어진 매춘과 가정파괴가 실비와 마틸드를 거쳐 글로리아까지 전해질지 모른다는 두려움. 어쩌면 그것이 <글로리아를 위하여>에서 감독이 전하려는 주제인지 모르겠다.

버든: 세상을 바꾸는 힘

감독   엔드류 헤클러
각본   엔드류 헤클러
출연   포레스트 휘태커, 가렛 헤드룬드,
      안드레아 라이즈보로, 톰 윌킨슨
개봉   2020. 10. 29.

영화 〈버든〉, 미국의 현주소를 묻다!
버든: 세상을 바꾸는 힘

영화평에 정치 얘기가 끼어들면 맥이 풀린다. 관객이나 독자나 영화를 그 자체로 수용하고 싶기 때문이다. 그러나 어디든 예외는 있기 마련이다. 〈버든: 세상을 바꾸는 힘〉(이하 〈버든〉)에는 2020년 미국의 정치지형과 관련한 직접적인 서사와 사건이 다수 포진한다. 다른 한편 〈버든〉에는 나름의 영화미학과 주제도 공존한다.

영화는 첫머리에 '실화를 바탕으로 하고 있음'을 적시한다. 〈버든〉이 1996년 미국 사우스캐롤라이나주 로렌스 카운티에서 발생한 사건에 기초하고 있다는 얘기다. 24년 전 미국 남부에서 일어난 사건과 갈등은 무엇이었고, 그것은 어떻게 지금까지 파장을 전달하고 있는가. 실화의 힘과 감독의 상상력이 어떻게 결합하고 있는지 궁금하다.

문학교수, 영화 속으로 들어가다 8

단출한 관계와 서사

가난하고 배움도 짧은 백인 노동자 마이크 버든이 싱글맘 주디의 집을 찾는다. 그녀가 갚지 못한 빚을 텔레비전으로 대납하게 하는 것이 그의 임무다. 돈이 될 만한 물건을 고용주인 톰 그리핀에게 날마다 상납하는 버든. 외아들 프랭클린을 건사하면서 전남편에게 양육비 한 푼도 받아내지 못하고 고단한 일상을 살아가야 하는 주디.

거칠고 투박하며 건들거리는 버든이 주디에게 마음을 빼앗기면서 영화는 시작한다. 프랭클린은 자동차 경주를 세상에서 제일 좋아하고, 그런 아이를 버든이 초대한다. 세 사람 사이의 관계가 급속도로 진척된다. 프랭클린의 절친인 두에인의 아버지 클래런스는 소싯적 버든의 절친이기도 하다. 하지만 지금 그들 사이의 벽은 냉랭하고 견고하다.

버든은 프랭클린이 흑인 소년 두에인과 어울리는 것이 마음에 걸리고, 주디는 그런 버든이 못마땅하다. 흑백의 피부 색깔에 편견과 거리낌이 없는 주디. 클래런스는 주디가 버든 같은 인종차별주의자와 교제하는 것이 탐탁지 않다. 하지만 남녀관계의 진척과 속성은 이념과 편견, 인종과 종교를 뛰어넘지 않던가?!

버든의 든든한 뒷배인 톰 그리핀은 지독한 인종차별주의자이며 로렌스 카운티에 KKK단을 설립하고자 한다. 그는 낡아빠진 에코 극장에 '레드넥 KKK 박물관'을 개관한다. 버든이 개관의 선봉장으로 맹활약하는 것은 당연지사. 평화롭던 마을에 KKK단을 위한 박물관이 문을 열게 됨으로써 사람들 사이에는 긴장과 대결 분위기가 조성된다.

케네디 목사와 KKK단

둥글둥글한 얼굴에 언제나 웃는 낯빛의 케네디 목사는 공정과 정의와 사랑을 전파하는 목회자다. 증오는 증오로 극복할 수 없으며, 가슴에 사랑을 품어야 증오를 이길 수 있다고 설교하는 케네디. 버든과 그리핀의 KKK단이 십자가에 불을 붙이고, 백인의 순수혈통과 조국, 하느님을 위해 싸운다고 고함 지르는 장면은 참으로 섬뜩하다.

교차 편집된 장면에서 케네디는 사람들에게 말한다.

> "저들은 십자가에 불을 붙이겠지만, 우리는 사랑의 불을
> 피울 겁니다."

KKK단 박물관 앞에서 케네디는 비폭력 평화시위를 벌인다. 그들의 언어에 깃들어 있는 사랑과 평화 그리고 우애의 호소는 깊은 울림을 가진다. 버든에게 무한폭력을 당한 젊은이를 대신해서 흑인 시

위대가 폭력에 호소하려 하자 케네디는 극구 만류한다.

 "이에는 이, 눈에는 눈, 그것은 구약의 얘기야. 예수는
 그러지 않으셨다."

 영화 <버든>의 절정은 시위대를 막아서는 케네디와 그를 겨냥하는
버든의 총구가 한 치 앞을 모른 채 치달리는 장면일 것이다. 살인하
려는 자, 마이크 버든과 아무것도 모른 채 신의 뜻을 설파하는 인간,
케네디의 숨 막히는 대결.

죽일 것이냐, 살릴 것이냐

 버든은 정신적이고 물질적인 후원자 그리핀에게 자유롭지 못하다.
흐느적거리는 그의 걸음걸이도 부자유스럽고 어리숙하다. 버든에게 주
디는 KKK단과 사랑 가운데 양자택일을 요구한다. 지금까지 쌓아온 인
간관계와 물적 토대의 상실이냐, 처음으로 마음을 준 여인과 결별할
것인가, 하는 선택의 기로(岐路)에 직면하는 버든.

 관객은 여기서 상투적인 해결방식과 마주한다. 영화에 신파적이거
나 고답적인 면모를 부여하는 클리셰가 작동한다. 하지만 영화는 긴
장과 대결 구도로 급변한다. 그리핀과 그를 추종하는 사람들과 버든

의 강렬한 대결과 충돌이 발생하기 때문이다.

인물들의 충돌과 긴장을 완화해주는 장치는 버든과 사슴의 관계다. 어린 시절 사슴이 가까이 다가왔던 때를 회상하는 버든. 손에 잡힐 듯 가까운 거리까지 다가온 사슴을 넋을 놓고 바라보았던 버든. 하지만 그때 아버지의 총구가 불을 뿜었다는 얘기. 너무도 폭력적인 상황에서 삶과 죽음의 경계를 알아버린 소년 버든.

그리핀의 억압과 야비함으로 인해 유리걸식하며 떠돌던 버든과 주디 곁으로 사슴이 다가온다. 사슴을 놀라게 해서 쫓아버리는 버든. 그것은 사슴을 살리고자 하는 버든의 선택으로 보인다. 하지만 영화 마지막 장면에서 버든은 예전과는 다른 얼굴로 사슴과 대면한다. 새로운 삶의 문으로 들어선 인간 버든의 모습이 뚜렷하다.

어디로 가야 할 것인가

2020년 5월 25일 발생한 조지 플로이드 사건은 우리에게 미국의 현주소를 적나라하게 드러냈다. 미네소타주 미니애폴리스에서 백인 무장경관 데릭 쇼빈이 비무장 흑인 플로이드를 군홧발로 짓밟아 살해하는 사건이 발생한 것이다. 미국 전역으로 인종차별주의 반대시위가 들불처럼 번져나간 것은 당연한 결과였다.

문학교수, 영화 속으로 들어가다 8

2016년 대선에서 가난하고 교육받지 못한 백인 남성들의 몰표를 받은 트럼프는 시위를 방관하며 묵살(默殺)하는 자세를 취한다. 세계의 용광로이자 인종전시장 미국의 '아메리칸드림'은 공중 분해된 상태다. 그런 배경에는 백인 우월주의와 인종차별주의가 자리한다.

버튼을 향한 주디의 말은 KKK단의 실상을 고스란히 드러낸다.

"우리 할아버지도 KKK단이셨어. 하지만 그들이 짓누르고 억압하는 사람들은 우리만큼 약한 흑인들이야. 당신도 저들처럼 가난하고 못 배웠잖아. 당신 꼴을 봐."

<버튼>은 평등과 정의, 공정의 길을 가야 하는 인류의 보편적 가치가 얼마나 위기에 처해 있는지 그려내면서 미래를 묻는다. 우리는 어디로 가야 할 것인가?!

누군가 어디에서 나를 기다리면 좋겠다

감독　아르노 비야르
각본　아르노 비야르
출연　장 폴 루브, 앨리스 태그리오니,
　　　벤자민 라베른혜, 카밀 로우
개봉　2020. 12. 17.

당신은 왜, 누군가를 기다리는가?!
누군가 어디에서 나를 기다리면 좋겠다

사람을 기다린다는 것은 대단한 고역이다. 오지 않을 가능성이 농후한 사람을 기다리는 일은 더욱 그렇다. 그래서일까. 황지우는 기다리는 아픔을 절절하게 토로한다.

기다려본 적이 있는 사람은 안다 / 세상에서 기다리는 일처럼 가슴 애타는 일 있을까 / 네가 오기로 한 그 자리, 내가 미리 와 있는 이곳에서 / 문을 열고 들어오는 모든 사람이 / 너였다가 / 너였다가, 너일 것이었다가 / 다시 문이 닫힌다 (<너를 기다리는 동안> 일부)

문 열리는 소리 들리면 자동으로 눈과 마음이 문으로 향하고, 그 나 그녀가 아니면 한숨 토하며 허망한 눈길 돌리던 시절. 그러기를 몇 번 되풀이하면 시간은 훌쩍 달아나고, 찻집의 일하는 처녀애의 안쓰럽고 동정하는 눈빛에 고개 떨구고.

<누군가 어디에서 나를 기다리면 좋겠다>는 이런 기대와 거리가 멀다. 당신이 멜로드라마나 삼각관계를 기대했다면 '천만의 말씀 만만의 콩떡'이다. 영화가 진행되고 있는 동안에도, 영화가 끝난 후에도 고개가 갸웃거려진다. 뭘까, 뭐지, 뭘 말하려는 거지, 하는 의문이 꼬리에 꼬리를 문다. 내게 영화는 그렇게 다가왔다.

예기치 못한 전화 그리고 추억

만일 당신에게 잃어버린 첫사랑의 연인에게서 전화가 걸려온다면 어떤 마음일 것 같은가?! 설렘일까, 당혹스러움일까, 애틋함일까. 혹은 이런 감정이 뒤죽박죽 뒤섞인 섞어찌개일까. 중년의 성공한 세일즈맨 장피에르는 어느 날 연극배우 헬레나의 전화를 받고 일순 망연해진다. 지나가 버린 세월과 추억이 한순간에 그를 엄습한 까닭이다.

젊은 시절 안톤 체호프의 희곡 <갈매기>에서 남녀 주인공 역할을 맡았던 장피에르와 헬레나. 연극의 줄거리와 달리 그들은 깊은 사랑을 매개로 단단히 결박당한 운명이었다. 하지만 헬레나의 임신을 둘러싼 갈등으로 그들은 돌아올 수 없는 다리 반대편으로 갈라선다.

그랬던 헬레나가 장피에르에게 전화했으니, 그 심사가 어떠하겠는가!

그들이 재회하여 <갈매기>의 두 남녀 트레플료프와 니나의 대사를 나직하게 주고받는 장면은 지금과 여기에서 그들이 대면하고 있는 운명과 교묘하게 겹친다. 자신에게 허여된 소명(천직)을 찾아낸 헬레나와 가족의 장남으로 의무를 다하고 있던 장피에르. 촉망받던 연극배우를 내던지고 삶의 소용돌이 속으로 뛰어들어야 했던 청년 장피에르.

하지만 그들 두 사람은 인생의 성공 여부와 무관하게, 자신들의 판단과 주변의 시선과 달리 깊은 위기와 단절을 경험하고 있다. 누구에게도 말하지 못하는 흉중의 아픔과 상처를 교환하는 그들의 길지 않은 재회는 관객에게 사랑과 인생의 의미를 묻는다. "그대는 진정 사랑하는 사람과 함께하고 있는가. 그리하여 그대는 진정 행복한가."

장피에르와 가족 이야기

한국의 장남들처럼 장피에르도 가족의 생계와 일상을 도맡는다. 가족의 평안과 번영을 위해 자신의 꿈과 기획은 뒤로 물린다. 작가 지망생 쥘리에트는 늦은 나이에 임신하여 행복에 휩싸인다. 하지만 기쁨도 잠시 한바탕 회오리가 그녀를 감싼다. 남편은 런던 출장을 핑계로 그녀를 떠나고, 장피에르가 그녀를 위로한다.

남동생 마티유는 자신의 남성성과 남성의 능력을 믿지 못하는 소심남이다. 직장동료 사라를 사랑하면서도 속내를 털어놓지 못하고 우물쭈물하는 마티유. 그에게 훈계를 늘어놓다가 말다툼을 벌이는 형제. 막내 여동생 마고는 사진작가를 꿈꾸는 여성이다. 자신의 욕망을 위해서 큰오빠가 희생해도 된다는 편리한 사고방식의 소유자 마고.

이쯤이면 <누군가 어디에서 나를 기다리면 좋겠다>의 서사가 이해되리라 생각한다. 특별한 사건 없이 일상의 소소한 흐름과 자잘한 대화로 촘촘히 짜인 프랑스 영화문법에 충실한 작품. 그런데 절대 그렇지 않다. 영화는 놀라운 반전을 준비한다. 마치 <갈매기>에서 트레플료프의 선택이 너무도 느닷없는 것처럼 장피에르의 선택 역시 그러하다.

장피에르의 영성체 사진을 찾았노라 기뻐하는 어머니와 통화하면서 그는 헬레나를 사랑한다고 말한다. 어머니의 잔소리와 나무람으로 대화는 종결된다. 세면대에서 정갈하게 손을 씻는 장피에르. 거울을 보면서 그가 무슨 생각을 하는지, 우리는 알 수 없다. <갈매기> 마지막 장면에서 트레플료프가 엄마 걱정을 하는 장면이 연상될 따름이다.

그들은 무엇을 기다리는 것일까

쥘리에트 앞에 열여섯 살 소년이 앉아 있다. 랭보의 초기 시를 나름대로 해석하면서 시인에게 있지만, 자신에게 결석한 용기와 천재성을 조심스럽지만 열렬하게 토로한다. 감동한 기색이 역력한 쥘리에트. 소년의 앞날을 축복하면서 그녀는 글쓰기에 골몰한다.

직장 근처로 이사한 마티유에게 사라가 다가온다. 집들이를 핑계로 가까워지는 두 사람. 그들이 부르고뉴에 있는 마티유 모친을 방문한다. 아들과 너무도 달리 활달하고 꾸밈없는 사라에게 놀라는 어머니. 마티유는 그들과 떨어져 흘러간 엘피판을 틀어놓고 온몸을 흔들며 춤을 춘다. 땀과 눈물과 고함으로 뒤범벅되는 마티유.

호텔 앞에서 장피에르와 대면한 마고는 일행과 떠났다가 돌아오는 길에 오빠의 소식을 듣는다. 그녀의 삶에 전환점이 마련되고 그녀는 홀로서기에 나선다. 자신이 무엇을 하는지 모르겠다며 툴툴대는 차에 들려오는 주인의 말이 그녀를 붙잡는다.

"나도 사진작가야. 넌 생계를 벌고 있잖아."

소설가로 성공하려는 쥘리에트와 사진작가가 되려는 마고의 꿈이 이루어질 것인지는 여러분이 직접 확인하시라. 다만, 그것이 그들이 진정 기다리는 것인지, 나는 모르겠다. 마치 장피에르가 정말로 실현하려던 꿈이 연극배우였는지가 불분명한 것처럼. 다만, 우리를 기다리는 누군가 혹은 무엇인가 있으면 좋겠다는 생각이 든다.

당신은 왜, 무엇을 기다리는가

영화는 시종일관 장피에르를 둘러싼 소소한 갈등과 화해와 크고 작은 실망과 기쁨의 교차를 보여준다. 그것이 우리네 인생의 본질이기 때문이다. 돈을 둘러싼 마고와 장피에르의 갈등, 그 돈 때문에 발생하는 아내와 장피에르의 논쟁, 여친 여부 때문에 언쟁을 벌이는 장피에르와 마티유. 자기만 아는 이기주의자 매제에게 실망하는 장피에르.

우리 삶의 많은 여백은 사소하고 본질적이지 않은 것들로 채워져 있다. 체호프의 드라마에서 등장인물들은 작은 실망의 누적으로 인해 절망하고 한숨짓는다. <누군가 어디에서 나를 기다리면 좋겠다>에서도 이런 양상은 고스란히 되풀이된다. 그들은 각자의 바람과 기대가 충족되지 않을 때 장피에르에게 의지한다. 그러다 문득 깨닫는다.

자기네의 삶은 오직 자들의 손으로, 의지로, 열망으로 유지되어야 함을 알게 되는 것이다. 마치 헬레나가 그녀에게 주어진 소명을 깨달은 것처럼. 하지만 장피에르는 그런 깨달음을 끝내 얻지 못한다. 누군가 어디에서 그를 기다려주는 사람이 하나도 없기 때문이다. 그래서 감독은 묻는다. "당신은 무엇을, 왜 기다리고 있는가?"

운디네

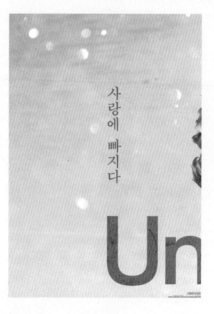

감독 크리스티안 펫졸드
각본 크리스티안 펫졸드
출연 폴라 비어, 프란츠 로고스키
개봉 2020. 12. 24.

어쩌란 말인가, 이 지독한 사랑을!
운디네

2020년 세밑에 찾아온 맹추위가 옷깃을 파고들 때 <운디네>가 문득 나를 찾는다. 미국 아니면 프랑스 영화 정도가 내걸리는 나라에서 도이칠란트 영화를 보는 것은 유쾌한 일이다. 더욱이 젊은 날의 몇 년을 쾰른과 베를린에서 보낸 까닭에 추억과 회한도 동반한다. 어떤 느낌과 상념이 찾아들 것인지, 궁금증도 생겨나고.

포스터에 새겨진 짧지만 강렬한 문장이 눈길을 잡는다. '사랑에 빠지다. 운명에 잠기다.' 어찌 보면 사랑 영화에 나옴 직한 흔한 글귀 아닌가?! 운명적인 사랑에 빠진 그들의 앞날은 어떻게 될 것인가. 하지만 여주인공의 예사롭지 않은 눈동자와 맑은 흰자위, 집중된 시선은 영화가 무엇인가 다른 이야기를 해줄 것이라는 예감을 선사한다.

사랑하는 남자에게 안기다시피 길을 가다가 뒤돌아보는 여자의 눈길에서 감촉되는 서슬 퍼런 이미지. 우리는 남자의 얼굴과 표정을 알지 못한다. 여자가 뒤를 돌아보기 직전까지 그들 사이의 대화나 움직임에 관한 어떤 정보도 없다. 그렇기에 영화 포스터는 더욱 궁금증을 자아내게 한다. 무슨 일이 일어났고, 일어날 것인가, 하는.

운디네와 요하네스 그리고 크리스토프

카페에서 대화하는 남녀의 표정이 대조적이다. 처연하고 애원하는 듯 보이는 여자의 얼굴과 서둘러 자리를 피하려는 남자의 불편하고도 불안정한 얼굴. 남자가 카푸치노를 가지러 간 사이에 여자의 두 눈에서 눈물이 주르르 흘러내려 볼을 적신다. 그녀 이름은 운디네, 사내는 요하네스. 작별을 통보하는 요하네스와 한사코 매달리는 운디네.

일을 마치고 30분 후에 다시 올 거라는 운디네. 자리를 지키지 않으면, 내 곁을 떠나면 너를 죽일 수밖에 없다는 말을 남기고 박물관으로 걸어가는 운디네. 그녀는 베를린 미테(Mitte)구 소속 박물관 해설사이자 역사학자다. 세계 전역과 도이칠란트에서 찾아온 방문객을 대상으로 베를린 변천사를 유려한 언어로 해설하는 운디네.

30분 후에 돌아온 운디네가 요하네스를 찾는다. 종적이 묘연한 그를 찾아 이층으로 올라오는 운디네. 그때 어눌한 말투와 어리숙한 얼굴의 사내 크리스토프가 운디네에게 말을 걸어온다. 제대로 배우지 못한 노동자의 언어와 몸짓을 그대로 드러내는 사내. 아무 관심도 보이지 않던 운디네가 갑자기 몸을 날려 크리스토프를 안고 쓰러진다.

<운디네>는 이렇게 시작한다. 도저히 받아들일 수 없는 이별 통지로 괴로운 운디네 앞에 마치 기다렸다는 듯 나타난 사내 크리스토프. 멀쩡했던 수족관 유리가 산산조각이 나면서 물을 흠씬 뒤집어쓰고 쓰러진 두 사람의 운명. 피할 겨를 없이 몰아닥친 물벼락에 순응하며 웃음 짓는 남녀의 운명적 대면! 그들은 사랑에 빠진 것일까.

사랑의 기쁨

두툼한 옷차림에 물안경을 낀 크리스토프가 물속에서 땜질 작업에 한창이다. 그의 직업은 산업 잠수부. 작업하던 그에게 커다란 입과 긴 수염을 가진 거대한 메기가 다가온다. '군터'라는 별명을 가진 2미터가 넘는 메기. 크리스토프의 수중작업에는 언제나 위험이 따른다. 그런 까닭에 선상(船上)에서 협업하는 동료 모니카가 그와 함께한다.

크리스토프가 사는 베를린 교외와 운디네가 거주하는 베를린 중심을 이어주는 열차로 그들은 사랑을 시작한다. 운디네의 방에서는 슈프레(Spree)강과 에스반(S-Bahn)이 질주하는 베를린 도심이 훤히 내려다보인다. 꾸미지 않아도 도회지 냄새가 풍기는 여인 운디네와 거칠고 투박한 사내 크리스토프의 대조가 공간적으로도 현저하게 드러난다.

운디네를 태운 열차가 정거장 부근에서 속도를 줄이고, 내릴 채비하는 운디네 옆으로 크리스토프가 열차와 함께 달린다. 얼굴 한가득 행복한 웃음이 넘치는 '사랑에 빠진' 운디네. 그녀는 온 얼굴을 크리스토프의 목에 묻고 그를 호흡한다. 세상 모든 이와 관계와 완벽하게 절연된 것처럼 온몸과 영혼으로 서로에게 투신하는 연인들.

운디네에게 느닷없이 부과된 베를린 궁전 역사와 도시계획에 관한 해설작업. 그녀는 한밤중까지 작업에 몰두한다. 잠에서 깨어난 크리스토프는 그녀가 준비하고 있던 해설을 들려달라 부탁한다. 진지한 얼굴의 크리스토프에게 자신이 준비한 이야기를 차근차근 들려주는 운디네. 산업 잠수부의 얼굴이 사랑의 기쁨과 충만으로 빛처럼 환하다.

사랑의 슬픔

어느 날 요하네스가 불쑥 운디네를 찾아온다. 일시적인 불장난이었던 노라와 작별하겠다며 재회를 선언하는 요하네스. 들떠있는 그에게 한마디도 하지 않는 운디네. '저렇게 일방적이고 천방지축이었던 남자를 운명적인 사랑이라 생각했던가?' 하는 표정이다. 그녀의 흉중에는 크리스토프를 향한 그리움과 애틋함이 한층 커지는 것처럼 보인다.

한밤중에 운디네에게 크리스토프가 전화한다. 사랑으로 가득했던 운디네의 말투가 급속히 바뀐다. 얼마 전에 길을 걷다가 운디네의 심장 박동이 멈춘 일을 똑똑히 반추하는 크리스토프. 그때 그 사람을 본 게 아니냐고 묻는 크리스토프. 카페에서 그 사람을 기다리고 있었던 것이 아니냐 묻는 크리스토프. 당황하며 어설프게 변명하는 운디네.

한숨도 자지 못하고 전화를 거듭하는 운디네. 하지만 꺼져버린 전화기는 계속 먹통일 뿐. 운디네에게 다른 선택은 없다. 산이 내게로 오지 않으면, 내가 산으로 가는 도리밖에 없다. 하지만 거기서 만난 차디찬 현실은 상상을 뛰어넘는 사건이다. 거기서 운디네는 우연히 마주친 요하네스와 노라를 노려보다 잠시 멈추었던 자신의 심장을 기억해낸다.

맨몸으로 요하네스의 집을 찾아가는 운디네. 요하네스는 수영장에서 접영을 선보이고 있다. 빗줄기마저 간간이 뿌리는 베를린의 늦은 저녁. 수영장 안에서 갑자기 솟구쳐 나오는 운디네. 그녀의 단아한 얼굴이 일순 단호해진다. 순한 양처럼 고요함을 지키며 자신의 운명에 잠기는 요하네스. 노라의 비명이 허공을 가른다.

운디네와 크리스토프 그리고 모니카

사랑의 슬픔은 시간만이 해결한다. 여자는 평균 2개월, 남자는 6개월이 지나면 사랑의 아픔과 상실에서 회복 가능하다는 통계도 있다. 그래서일까, 러시아 희곡 <숲>의 주인공은 말한다. "여자는 빨리 잊어버린다." 하지만 운디네는 여느 여자들과 아주 다르다. 그녀는 망각을 알지 못한다. 적어도 2년 동안 그녀는 크리스토프를 잊지 않는다.

모니카와 행복한 시간을 보내는 크리스토프. 수중작업을 하겠느냐는 모니카의 말에 선뜻 동의하는 크리스토프. 예전처럼 잠수부 복장으로 땜질하는 그에게 나타난 운디네의 하얀 손. 아, 어찌 그녀를 잊을 수 있겠는가?! 새벽녘 자리에서 일어난 크리스토프가 호수로 걸어 들어가 큰 소리로 운디네를 외쳐 부른다. 그녀만이 사랑이었기에!

물속으로 성큼성큼 걸어가는 크리스토프. 언젠가 운디네가 그러했던 것처럼 거침없는 크리스토프. 하지만 여기서 영화는 반전을 준비한다. 운디네는 아름다운 사랑에 충실하고 행복했던 크리스토프에게 저승의 삶을 권하지 않는다. 동트기 직전 미명에서 크리스토프의 일거수일투족을 바라보며 눈물짓는 모니카를 어떻게 할 것인가.

크리스티안 페촐트 감독은 물의 정령 운디네를 현대적으로 손질한다. 그것의 기조는 따뜻함과 얼얼함 그리고 냉랭함과 상큼함의 공존이다. 영화가 끝난 뒤 객석에 남는 온기와 시린 가슴은 감독의 유려한 연출과 파울라 베어의 뛰어난 연기에 힘입은 것이다.

사랑과 운명

<운디네>는 힘 있는 영화다. 며칠이 지나도록 여운이 가시지 않는다. 몇 가지 까닭이 있을 것이다. 요하네스의 경박하고 변덕스러운 사랑과 크리스토프의 순정하고 맑은 사랑의 대비. 신비로운 메기 군터와 물속의 벽면에 새겨진 글자 '운디네'. 잠수 유영 중에 홀연히 사라져버리는 운디네의 묘연한 행방. 흥미로운 베를린의 변천사 이야기.

물의 정령 운디네가 보여주는 양면성이 매혹적이다. 지상의 모든 생명을 살리기도 하고 죽이기도 하는 물의 힘을 구현하는 운디네.

자신과 사랑에 빠진 사내 크리스토프의 죽을 운명까지 거두려는 의지와 헛된 사랑의 요하네스를 징벌하려는 운디네. 우리가 마주하는 만남과 헤어짐에 담긴 우연성과 의미는 어떻게 해석해야 할까.

앞을 내다볼 수 없는 사랑의 변덕과 이별, 느닷없는 만남과 또 다른 사랑은 왜 그리 흔한 일인가. 있을 법하지 않은 부활은 왜 다른 생명의 상실과 연결되어야 하는가. 사랑에 빠져 운명에 잠기는 것은 우리의 선택지가 아니라, 하늘이 부여하는 것인가?! 이런 물음표를 던지는 영화 <운디네>가 조용히 상영되고 있다.

스릴러와 로맨스의 경계를 넘다

운디네

도이칠란트 영화 <운디네>를 보다가 여주인공이 친숙하게 다가온다. 분명 어디선가 봤는데, 기억이 선명하지 않다. 아주 아름답지도 그렇다고 평범하지도 않은, 하지만 무척 매력적인 그녀. 여러 개의 얼굴과 표정을 가진, 발걸음과 호흡도 다채롭고, 미소와 웃음의 색깔도 여럿인 파울라 베어. 영화평을 쓰다가 아하, 그래 영화 <프란츠>의 여주인공!

2017년 개봉한 영화 <프란츠>에서 만났던 그녀. 돌이킬 수 없는 인생 행로로 남모르게 애를 태웠던 시간대에 만난 프랑수아 오종의 <프란츠>. 1차 세계대전에서 적성국으로 맞선 프랑스의 아드리앵과 도이칠란트의 프란츠 사이에 펼쳐진 가혹한 운명. 그들과 맞물린 또 다른 비운의 여인 안나를 눈부시게 연기했던 파울라 베어.

<프란츠>에서 1995년생 배우의 연기는 놀라운 것이었다. 스무 살을 갓 넘긴 배우가 보여주는 상실과 적막, 기대와 희열, 그리고 남은 삶을 향한 의지는 남다른 것이었다. 절제된 검은색 외투, 웃음기와 화장기 없는 얼굴의 조화가 선사하는 지성미와 정갈함의 극치! <운디네>에서 그녀는 어떤 얼굴과 눈동자로 우리를 만날 것인가?!

당신 애인이 물에서 왔다면?!

잔잔한 호수 속으로 남녀가 잠수복 차림으로 입수하여 유영한다. 두 손을 맞잡은 그들은 산업 잠수사 크리스토프와 박물관 해설사이자 역사학자인 운디네. 있을 법하지 않은 인연으로 오늘을 맞은 두 사람. 오랜 연인 요하네스에게 예기치 못한 작별을 통보받고 망연자실하여 굵은 눈물 흘리며 울던 운디네 앞에 홀연히 나타난 크리스토프.

어눌한 어투와 매력적이지 않은 외모의 크리스토프가 보여주는 진솔함과 살가움이 운디네를 되살려 그들은 오늘 함께 잠수한다. 크리스토프는 운디네에게 꼭 보여주고 싶은 게 있다. 그녀 이름이 새겨진 물속의 벽면이 그것이다. 목표지점에 근접했을 무렵 갑자기 운디네가 사라진다. 그녀의 물갈퀴와 물안경이 천천히 하강하고, 메기를 탄 그녀가 보인다.

메기는 얼마 전 수중작업 하던 크리스토프 앞에서 유유히 유영하던 놈이었다. '군터'라는 이름을 가진 신장 2미터도 넘는 대형메기다. 동료인 모니카조차 전혀 믿을 수 없다는 표정이지만, 크리스토프는 신경도 쓰지 않는다. 그런 군터의 등에 올라타고 달리는 운디네. 그렇다면 운디네는 어디서 온 존재인가?! 외계인은 아닐까, 궁금하다.

그녀의 멈춰버린 심장 박동

운디네가 행복에 겨운 얼굴로 크리스토프의 가슴과 목에 얼굴을 묻고 길을 걸어간다. 그녀의 얼굴이 반대편 행인들을 향하고, 그녀의 눈길이 하나의 대상에 꽂힌다. 집중된 눈동자와 정갈한 흰자위가 팽팽하게 긴장하면서 지나던 남자를 뒤쫓는다. 남자에게는 동행이 있다. 그는 운디네에게 사랑의 종말을 선언한 요하네스다.

며칠 뒤 늦은 밤에 크리스토프가 운디네에게 전화한다. 전화 상태가 고르지 않다. 들릴 듯 말 듯, 더러는 끊기고 이어지는 그들의 통화.

"그날, 우리가 처음 만나던 날 당신은 누군가 기다렸지?!
나 말고 다른 남자를 찾고 있었던 거 맞지?!"

"아니야, 그렇지 않아! 기다리거나 찾던 사람 없었어!"

"얼마 전 길 가다가 당신의 심장이 멈춰버렸어. 그때 본
게 그 사람 맞지."

"그래도 내 심장은 당신 가슴 속에서 다시 뛰었잖아."

마침내 전화는 끊기고 운디네는 밤새 전화하지만, 통화는 이뤄지
지 않는다. 이튿날 운디네는 뜬눈으로 아침을 맞이하고 사랑하는 남
자를 찾아 나선다. 그리고 확인하는 치명적인 사실. 전화를 걸 수 없
는 상황에서 걸려온 크리스토프의 전화. 아하, 사랑이란 이런 불가사
의한 일도 가능하게 만드는 것인가?! 격동한 운디네가 서둘러 자리를
뜬다.

물의 요정 운디네, 폭력을 행사하다

정신이 나가버린 운디네가 비를 맞으며 요하네스를 찾는다. 그는
관계 단절을 선언한 노라와 행복한 저녁 시간을 보내고 있다. 수영
장에서 멋진 접영을 선보이는 요하네스. 나무 그늘 밑에 숨어 그들

의 대화를 엿들으면서 운디네는 숨을 죽인다.

　　"곧 당신 부모가 도착할 시각이야!"
　　"다섯 번만 하고 나갈게!"

　요하네스의 아름답고 힘찬 접영이 고요해질 무렵 물속에서 운디네가 모습을 드러낸다. 그녀의 표정은 처연하고 아름답지만, 단호하고 무섭기도 하다. 요하네스의 머리를 움켜잡는 운디네. 요하네스는 아무 저항도 하지 않고, 소리도 내지 않는다. 고요하게 운디네의 손에 운명을 내맡기는 요하네스. 운디네가 집을 나선다. 노라의 새된 비명.

　유럽 문명에서 운디네는 자연을 구성하는 '지수화풍(地水火風)' 네 가지 요소 가운데 '물'을 대표하는 요정이다. 물은 예부터 생과 사의 양면성을 가진다. 모든 생명의 근원이자 동시에 생명을 데려가는 것도 물이다. 물 없는 지구도 불가능하지만, 노아의 홍수 또한 가능하다. <운디네>의 주인공은 그래서 물에서 물로 이어지는 신비로운 존재로 그려진다.

크리스토프의 운명을 어떻게 할 것인가

운디네는 인간이 아닌 요정이기에 인간의 삶을 동경한다. 진정한 사랑을 약속하고 결혼하여 아이를 가지게 되면 인간의 삶을 얻으리라는 운명의 운디네. 그래서 그녀는 경박하고 바람기 많은 요하네스와 함께할 수 없다. 하지만 크리스토프는 전혀 다른 사람이다. 가난하고 배우지 못했으며 어리숙한 인간이지만, 그는 진실하고 곧다.

그는 베를린 역사에 관한 운디네의 아름답고 선명한 해설에 매료된다. 운디네의 작은 방에서 자다가 깨어난 그가 운디네에게 베를린 궁전과 얽히고설킨 베를린 변천사 이야기를 조르는 장면은 사랑하는 남자의 진솔한 면모를 적실하게 드러낸다. 완전히 열중하여 운디네의 이야기에 몰입하는 사랑하는 남자 크리스토프.

그는 정신없이 운디네를 사랑하다가 그녀를 잃고 헤맨다. 그리고는 서서히 운디네를 망각한다. 하지만 수중작업 하다가 그는 운디네의 손과 대면한다. 도저히 잊을 수 없는 단 하나의 사랑 '운디네'를 향한 그의 움직임이 객석에 전율을 일으킨다. 물속으로 한 걸음 한 걸음 걸어 들어가는 크리스토프. 그가 큰소리로 외친다. "운디네!"

21세기 운디네는 크리스토프를 어떻게 할 것인가?! 그녀가 사는 물의 세계로 그를 인도할 것인가, 아니면 그를 놓아줄 것인가. 파울라 베어는 <운디네>에서도 도저한 표정과 눈빛으로 우리를 경탄하게 한다. 사랑의 슬픔과 기쁨, 운명처럼 다가오는 사랑의 가능성을 나직하게 말하는 영화 <운디네>가 아름답게 상영되고 있다.

굿바이

감독 타키타 요지로
각본 코야마 쿤도
출연 모토키 마사히로, 히로스에 료코,
      야마자키 츠토무
개봉 2020. 12. 31.

제 남편은 전문 납관사입니다

굿바이

영화제작과 흥행이 갈수록 묘연한 가운데 요즘 재개봉 영화가 늘고 있다. <화양연화>, <러브레터>, <위플래쉬>, <패왕별희>, <인터스텔라> <다크 나이트>, <인셉션> 같은 쟁쟁한 제목이 우리를 다시 맞는다. 한 시대를 풍미했거나, 숱한 화제를 뿌렸던 작품이 대다수다. 그런 가운데 조용한 화제작 <굿바이>가 다시 상영되고 있다.

2008년 개봉되어 2009년 '아카데미 영화제'에서 최우수 외국어 영화상을 받은 <굿바이>. 1975년 구로사와 아키라의 <데르수 우잘라> 이후 일본 영화의 두 번째 쾌거로 기록된 작품이다. 2008년 14만 한국 관객을 끌어모은 <굿바이>의 당시 제목은 <굿, 바이>였다. 영화의 원제는 '출발'을 의미하는 영어 <Departures>였다.

<굿바이>의 제목은 아무래도 처음 제목 <굿, 바이>가 좋아 보인다. 좋아, 안녕히! 그런 뜻이 담긴 쉼표 하나의 의미가 강렬하게 다가온다. '굿바이'는 좀 더 익숙하지만, 가볍고 경쾌한 느낌을 주는 작별 인사다. 영화에서 다루는 주제와 소재가 죽음과 결부된 인물과 사건에서 발원하기에 다소 무거운 제목 <굿, 바이>가 나아 보이는 것이다.

출향(出鄕)과 귀향

머리 빠진 듯 객석 곳곳이 듬성듬성 비어있는 도쿄의 음악회. 주인공 다이고가 첼로 연주에 열중한다. 음악회는 나쁘지 않게 끝나지만, 악단 소유주는 그날 악단 해체를 선언하고 깊숙이 허리 숙인다. 거액을 들여 산 첼로를 원망스러운 눈길로 들여다보며 자책하는 다이고. 그에게는 다른 선택지가 없어 보인다.

청순하고 순종적인 아내 미카에게 도호쿠의 야마가타로 돌아가고 싶다는 뜻을 밝히는 다이고. 2년 전 돌아가신 어머니가 물려준 카페 딸린 이층집이 있는 고향. 다이고의 눈에 크게 들어오는 구인광고. '연령, 경험 무관! 정규직 보장!' 면접 본 즉시 합격을 선언하는 NK 에이전시 사장 이쿠에이.

이렇게 <굿바이>는 아주 느릿하고 평온하게 서두를 열면서 객석을 인도한다. 하지만 진짜 문제는 그 지점에서 다시 시작한다. 다이고에게 맡겨진 직분이 아주 희귀한 업종이기 때문이다. 염습(殮襲)과 납관(納棺). 고인의 시신을 정결하게 닦아서 관에 넣는 장례를 담당하는 장례지도사 업무다. 달리 말하면 '염습사'나 '납관사'가 될 것이다.

첼리스트 다이고는 진짜 납관사가 될 준비가 되어 있는가?! 다이고가 강물을 내려다보며 다리 위에 서 있다. 저 아래에서 연어가 회귀하고 있다. 자신이 태어난 강물의 드센 물살을 사력을 다해 거슬러 올라가는 연어들. 죽을 줄 알면서도 필사적으로 고향에 돌아와 산란하고 방정한 끝에 죽음을 맞는 연어를 보는 다이고의 심사는 어떨까?!

죽음의 형식과 남는 사람들

<굿바이>에서 우리는 다채로운 죽음의 형식과 대면한다. 그와 아울러 죽음을 맞이하는 살아남은 사람들의 표정과 관계를 바라보면서 상념에 잠기게 된다. 사랑하는 아내의 죽음을 맞이한 중년 사내가 이쿠에이와 다이고에게 불처럼 화를 낸다. 5분 늦었다는 한 가지 이유로. 하지만 작별할 때 사내는 아주 고마워하면서 먹을 것을 내준다.

"오늘 아내는 지금껏 본 중에서 제일 예뻤습니다."

사자(死者)의 몸을 유족들에게 보이지 않도록 유의하면서 정성스럽고도 깨끗하게 씻어내면서 시작되는 염습. 모든 동작 하나하나는 고도의 집중력과 예의가 동반한다. 영정사진 속 망자의 모습을 최대한 재현하면서 염습사는 마지막으로 망자의 머리를 빗기고 곱게 화장해준다. 그리고 시신을 관으로 넣으면 염습과 납관의 모든 작업이 종료된다.

영화가 죽음을 강력하게 그려내는 장면은 고독사 시신을 다루는 장면일 것이다. 사후 부패가 시작되고 나서야 비로소 발견된 시신을 처리해야 하는 보조 염습사 다이고. 그런 다이고를 사정없이 몰아치는 이쿠에이. 그에게 중요한 것은 망자를 보내는 지극히 인간적인 정리와 예의범절이다. 모든 주검을 공평하고 따뜻하게 대우하는 장인의 손길.

감독은 염습과정을 함께하는 가족들의 표정과 반응을 세심하게 화면에 담는다. 거기서 표출되는 그들의 감정과 관계가 객석의 눈물샘과 공감을 자극한다. 옛것을 지키려는 어머니와 탐욕스러운 아들의 갈등, 성적 정체성으로 인한 자살자 가족의 복잡한 심사와 대립, 사랑했던 어머니, 할머니와 작별하는 딸과 손녀에 이르기까지.

장례에 담긴 일본의 풍습

가정에서 염습과정을 볼 수 있는 한국인은 많지 않을 것이다. 우리에게는 거의 사라져버린 풍습이니까. 요즘 한국인 대다수는 요양병원이나 요양원 혹은 응급실에서 고단한 생을 마감한다. 예전처럼 식구들이 보는 가운데 집에서 영면에 드는 경우는 극히 드물다. 고인의 사망 통지를 받고 나서야 모여드는 가족들과 이미 끝나버린 염습.

하지만 아직도 일본에서는 가족이 사망하면, 납관사를 집으로 불러 망자의 염습 일체를 맡긴다. 납관사는 염습과 납관 작업을 주관하며, 이때 가족과 친지들이 모여 모든 과정을 납관사와 함께한다. <굿바이>가 우리에게 주는 교훈과 인상적인 메시지는 염습과정에서 드러나는 살아남은 자들이 망자에게 보내는 예의와 작별이다.

드물기는 하지만 일본에서는 아직도 망자의 상여를 메고 가족과 지인들이 들길을 따라 만장을 펄럭이며 걸어가기도 한다. 오랜 풍습을 여전히 지키며 살아가고 있는 현대 일본인들의 정리가 새삼 궁금해진다. 무엇이 저들에게 낡고 오래된 습속을 지키도록 인도하는 것일까?! 당산나무 앞에 놓인 이끼 낀 바위 느낌이 난다.

　　　　　　　문학교수, 영화 속으로 들어가다 8

돌 편지의 메시지: 생명과 순환

다이고는 납관사로 일하면서 점점 깊이 장례에 빠져든다. 하지만 그의 아내 미카는 생각이 전혀 다르다. 우연히 다이고의 돈벌이 수단을 알게 된 미카는 "만지지 마! 불결해!" 하는 말을 남기고 사라진다. 죽은 자들의 시신과 얼굴을 만진 손으로 자기 몸과 옷을 만지려는 남편을 향해 뱉어낸 강력하고도 본능적인 거부의 표현이다.

친구 어머니의 염습을 맡은 다이고의 모습을 뒷전에서 바라보는 미카의 눈길이 크게 흔들린다. 망자를 보내는 최고의 예의와 엄숙함과 정갈함에 마음을 뺏기는 미카. 그런 아내에게 강변에서 작은 조약돌 하나를 집어 건네는 다이고. 여섯 살 때 아버지가 건네주었다는 돌 이야기를 꺼내며 자신을 버린 아버지 이야기를 꺼내는 다이고.

단 한 번의 추억을 가슴 깊이 품은 다이고. 둥근 돌은 괜찮다는 뜻이고, 거친 돌은 마음을 돌아봐야 한다는 돌 편지에 담긴 사연을 듣는 미카. 연어의 귀환과 산란처럼 조약돌과 돌멩이는 아버지와 아들, 남편과 아내 그리고 또 다른 생명으로 이어지는 순환과 대물림을 생생하게 표현한다. 거칠고 무례한 납관사들에게 미카가 당차게 말한다.

"제 남편은 전문 납관사입니다."

미스터 존스

감독 아그네츠카 홀란드
각본 안드레아 샬루파
출연 제임스 노턴, 바네사 커비, 피터 사스가드,
      조셉 몰
개봉 2021. 01. 17.

21세기 한국 기자에게 기자정신을 묻다

미스터 존스

그리스의 철학자 플라톤은 <국가>를 집필하면서 포박된 채 동굴에 갇혀 있는 포로를 상상했다고 전한다. 오랜 세월 묶여있던 까닭에 사지(四肢)는 물론 목조차 자유로이 움직이지 못하는 포로. 포로 앞에 어떤 가시적인 대상이 있다 해도 그것은 대상의 진실이나 본질과 무관한 그림자이거나 허상에 불과하다. 이른바 '동굴의 비유'다.

대상이 무엇인지 알려면 포로는 그것을 가지고 빛이 있는 동굴 밖으로 나가야 한다. 온전한 빛의 세계에서 대상의 본질과 진실을 알 수 있기 때문이다. 동굴 안에서 마주한 거짓과 허상을 깨트려야 비로소 진실과 마주할 수 있기 때문이다. 그래서 진실을 깨우친 자는 동굴로 돌아가 허상과 불의를 일깨워야 한다고 플라톤은 주장한다.

문학교수, 영화 속으로 들어가다 8

진실을 파헤쳐 세상에 널리 알리는 것을 천직으로 삼는 사람들이 있다. 탐사 전문기자나 다큐멘터리 종사자가 그러하다. 그들은 '국경없는의사회'에 소속된 사람들처럼 언제나 목숨이 위태롭다. 절대 권력자나 자본가들이 그들을 달가워하지 않기 때문이다. 이와 반대로 권력과 자본에 포섭되어 영화를 누리는 자들은 진실에 눈을 질끈 감는다.

청년 기자 존스, 스탈린을 만나려 하다!

아주 젊은 기자 가레스 존스가 나이 먹은 정객들을 대상으로 연설한다. 히틀러의 세력 확장에 대비해 모스크바의 권력자 스탈린과 손을 잡아야 한다는 것이다. 늙은이들은 젊은이의 말에 유쾌한 얼굴이지만, 말도 되지 않는 얘기라며 코웃음 친다. 1933년 런던의 자유당사에서 벌어진 진풍경을 영화 <미스터 존스>가 예리하게 포착한다.

영국의 전직 총리이자 자유당수이며 노회한 로이드 조지가 만면에 웃음을 지으며 그들에게 화답한다. 자유당의 어려운 재정 형편에 직면한 그는 존스에게 추천장을 써주고 작별을 고한다. 히틀러를 취재한 경력의 존스는 이참에 스탈린을 만나고자 한다. 세계적인 대공황이 한창인 시점에도 혁명자금이 차고 넘치는 크레믈이 궁금하기 때문이다.

1933년 겨울 존스는 런던 주재 모스크바 대사관에서 소련 방문비자를 획득한다. 출국 직전 그는 베를린 출신의 기자 파울과 통화한다. 하지만 애초 약속받았던 모스크바 체류에 적신호가 켜지고, 존스는 소련의 일상적인 도청과 뇌물수수, 미행과 살해에 직면한다. 모스크바에 내걸려 있는 혁명가 레닌의 거대한 초상화가 불길하게 다가온다.

혁명 이전 러시아에 없던 트랙터와 자동차, 화학과 탱크가 스탈린의 소련에 있다는 것이 어떻게 가능한지 궁금한 존스. 그는 <뉴욕타임스> 모스크바 지국장 듀란티에게 도움을 얻으려 하지만 현실을 직시하라는 핀잔만 듣는다. 파울의 실종이 궁금했던 존스는 우크라이나에 관심을 가졌던 파울이 살해당했다는 놀라운 사실을 접하게 된다.

우크라이나의 무섭고도 처절한 진실

존스는 웨일스 출신이며, 그의 어머니는 한때 우크라이나의 '유조프카'에서 영어를 가르친 이력이 있다. 잘 익은 밀이 바람에 흔들리고, 목재 창고가 들판에 서 있는 목가적인 풍경 사진. 존스가 어머니에게 받은 것이다. 호기심 많은 존스는 이제 호랑이 등에 올라탄 격으로 질주하지 않을 수 없다. 열차 편으로 유조프카로 향하는 존스.

흑백으로 처리되는 승객들의 관심은 '먹는 것' 하나에 쏠려 있다. 불길한 무엇인가를 직감하는 존스. 스탈린을 기념하고자 1924년부터 '스탈리노'로 개명된 유조프카에 내린 존스가 마주한 상황은 상상을 뛰어넘는다. 온화한 표정의 스탈린이 소련의 최대 곡창 우크라이나의 밀을 두 손에 가득 담고 있는 벽화와는 너무나 동떨어진 살풍경.

<미스터 존스>는 살풍경한 우크라이나의 기근과 추위를 전문적인 기록영화처럼 적나라하게 들춰낸다. 아마도 그것의 정점은 '콜랴'라는 이름을 가진 소년의 형제자매가 어쩔 도리없이 자행해야 했던 '동종포식(카니발리즘)'일 것이다. 극한의 위기 상황에 몰린 동물 개체들이 종족을 보존하기 위해 행하는 극한의 선택적 살해와 섭취 카니발리즘.

역사는 그것을 '홀로도모르(Holodomor)'로 기록한다. 1932-33년 우크라이나를 덮친 대기근과 그에 따른 300만 이상의 사망자. '홀로드'와 '모르'의 합성어인 홀로도모르는 '기아로 인한 대규모 사망'이라는 의미다. 문제는 그것이 자연재해가 아니라, 스탈린이 강제한 농업 집단화와 중공업 우선 정책으로 발생했다는 점이다.

워싱턴과 런던, 베를린과 모스크바

스탈리노를 배회하며 취재하는 존스는 당연히 보안당국에 체포된다. 양자택일을 강요당하는 존스. 아그니에슈카 홀란드 감독은 이 지점부터 기자는 왜 존재하는가, 하는 문제를 집요하게 제기한다. 사회주의 혁명의 대의를 위해 작은 실패와 죽음 따위는 묵인하고 넘어가야 한다는 논리를 내세우는 듀란티와 거기 동조하는 일군의 기자가 있다.

반대로 진실은 하나밖에 없으며, 기자는 진실을 반드시 밝혀내야 한다는 신념을 가진 파울이나 존스 같은 기자가 있다. 그런데 관건은 이들 언론인의 배후에 거대한 권력과 이권이 항시적으로 자리한다는 사실이다. 그것을 적실하게 구현하는 인물이 세계적인 정론지를 자부하는 <뉴욕타임스>의 베테랑 특파원이자 민완가 듀란티다.

듀란티는 우크라이나 대기근과 사회주의 소련의 허구를 폭로하는 존스의 기사를 정면으로 반박하는 기사를 작성한다. 미국의 루스벨트 대통령은 그것에 기초하여 스탈린과 소련을 국제적으로 용인하게 된다. 영화는 언론 권력이 정치 권력을 조종하는 역사의 현장을 보여준다. 그와 비슷한 상황이 런던의 로이드 조지와 자유당을 기다리고 있다.

같은 시간대에 베를린에서는 존스가 우려했던 상황이 현실로 구체화하고 있다. 파울의 동료 기자이자 듀란티가 총애했던 아이다 브룩스가 존스에게 히틀러가 통치하는 베를린의 심각한 상황을 알린다. 불의한 언론인과 부도덕한 정치가가 만나면 얼마나 참혹한 결과를 가져올 것인지, 심각하게 돌이키도록 인도하는 영화가 <미스터 존스>다.

존스, 한국 기자에게 기자정신을 묻다

2020년 한국 사회를 떠들썩하게 했던 초미의 정치적인 문제는 '검찰개혁'이었다. 보수언론의 머리기사는 거의 매일 '추윤갈등' 운운으로 도배되었다. 그것은 수면 아래로 잠시 내려앉아 있지만, 그 배후에는 거대 족벌언론이 자리하고 있음은 불문가지다. 그래서 일부 시민들은 검찰개혁과 더불어 언론개혁을 여전히 갈망하고 있다.

2016년 세계 70위였던 한국의 언론자유지수는 2020년 세계 42위로 28계단 뛰어올랐다. 그만큼 언론의 취재와 표현의 자유가 강화되었다는 얘기다. 반면에 한국인의 언론 신뢰도는 어떤가?! 2019년 38개 조사대상국 가운데 38위를 차지했다. 한국언론을 신뢰한다는 응답자는 고작 22%에 머물렀다. 80%에 이르는 불신율은 무엇을 말하는가?!

속어로 '기레기'가 유행하고, '기데기'란 참혹한 신조어마저 떠돈다. 이런 상황의 상당 부분은 기자들의 책임이다. 참혹했던 한국언론의 1970-80년대와 비교하면, 요즘 기자들은 정말 안락한 환경에서 '기자질'을 하고 있기 때문이다. 그들의 기사에 보이는 잦은 오탈자와 비문은 그렇다 쳐도 기자정신은 어디 있는지, 물어야 한다.

존스가 고향인 웨일스에서 미치광이 취급을 당하면서도 진실을 알리고자 필사적으로 노력하는 장면이 설득력 있게 다가온다. 존스처럼 철저한 기자정신으로 무장한 사람이어야 비로소 독자가 믿고 의지할 수 있을 것이다. 1935년 8월 내몽골을 취재하던 존스는 소련 안내인에게 살해당한다. 그대들은 진실을 위해 동굴 밖으로 나갈 것인가?!

헬렌: 내 영혼의 자화상

감독   안티 조키넨
각본   안티 조키넨
출연   로라 비른, 크리스타 코소넨,
      요하네스 홀로파이넨
개봉   2021. 02. 25.

핀란드의 뭉크를 아십니까?!

헬렌: 내 영혼의 자화상

화가의 삶을 다룬 영화, 그것도 핀란드 영화를 본다는 것은 행운이다. 이런 일이 가능한 까닭은 코로나19 덕분 아닐까 한다. 영화 제작환경이 세계적으로 악화하고, 전체적인 관객 숫자도 감소하는 추세가 일반적이다. 값비싼 할리우드 대작을 수입해도 흥행에 성공한다는 보장도 없다. 그러다 보니 영화의 다양성이 실현되는 형국이랄까.

<헬렌: 내 영혼의 자화상>은 2020년 핀란드에서 개봉되어 코로나19 여파에도 자국 흥행 2위를 기록한 영화다. 영화는 제23회 '상해국제영화제' 장편영화 부문 금장상 후보에 올라 저력을 과시하기도 했다. 우리에게는 지독하게 생소한 핀란드 화가 헬렌 쉐르벡(1862- 1946)의 삶을 조명한 영화가 <헬렌: 내 영혼의 자화상>이다.

문학교수, 영화 속으로 들어가다 8

충무로나 할리우드 영화문법에 익숙한 관객은 이런 영화에 상당한 낯섦을 경험하지 않을 수 없다. 신속하게 전개되는 사건과 장면, 숨 막힐 듯한 갈등과 긴장, 넘치는 감정과 속도감이 결석한 영화이기 때문이다. 1915년부터 1923년을 다루는 영화의 시간대는 자동차와 마차가 공존하던 느릿한 시대였기 때문이기도 하다.

화가와 주부 사이

중년 여인과 노파가 식탁을 사이에 두고 마주 앉아 있다. 그릇에 담겨 있는 것은 비스킷 몇 조각이 전부다. 과자 부스러기를 손가락으로 꾹꾹 눌러서 먹던 노파가 엄격한 목소리로 말한다. "집안일을 해야지." 중년 여인이 대꾸한다. "왜 그 얘길 안 하시나 했어요." 이윽고 그녀가 대걸레와 물통을 가지고 마룻바닥을 청소하기 시작한다.

헬렌은 10년 넘는 세월 헬싱키의 미술계와 거리를 두고 살아왔다. 그림 그리는 장면이 없다면, 어머니와 불화하는 딸 이야기로 충분히 오해할 수 있을 법하다. 그것도 우리 시대에는 아주 낯선 가부장 사회의 핀란드 가정사를 다룬 영화로 말이다. <헬렌: 내 영혼의 자화상>에 등장하는 모녀 갈등의 배후에는 가부장주의가 깔려 있다.

그림 전시회로 얻은 수익금이 법적으로 오빠인 마그누스의 몫이

된다거나, 고기도 오빠 먼저 먹어야 한다는 어머니 말이 그렇다. 어머니는 딸이 돈도 되지 않는 그림을 그리는 것이 도통 못마땅하다. 솜씨 좋은 손으로 러그 자수를 놓아서 돈 버는 게 낫지 않느냐고 대놓고 말하는 어머니. 그런 어머니와 오빠 사이에서 화가로 살고 싶은 헬렌.

모녀 갈등은 평생 헬렌을 괴롭힌 문제였던 것 같다. 그것을 이기지 못한 헬렌이 결국 어머니를 마그누스에게 보내지만, 어머니는 돌아오고 만다. 그녀가 맞이하는 최후는 가부장주의의 끝판을 보여준다. 임종을 지키는 딸 대신에 장롱 속의 오빠 옷을 가져오라고 말하는 어머니. 100년 전 핀란드 사회의 민낯이 고스란히 드러난다.

베스테르와 여성동맹연합

안티 요키넨 감독은 영화의 시간과 공간을 치밀하게 교직한다. 헬렌의 개인사와 가정사를 당대 핀란드가 경험한 사회사와 국가사와 구체적으로 연결하고 있기 때문이다. 헬렌의 유일무이한 친구이자 의지처는 헬레나 베스테르마르크다. 헬렌은 그녀를 언제나 '베스테르'로 부른다. 삶의 굽이굽이마다 베스테르는 헬렌과 함께한다.

베스테르는 1892년 핀란드에 세워진 여성동맹연합의 창립 구성원이다. 여성의 권리개선, 성차별 해소 등을 목표로 창립된 여성동맹연합 같은 단체의 노력으로 핀란드는 1906년 세계 최초로 여성 참정권을 일궈낸다. 우리는 헬렌이 동맹과 어떤 관계를 맺고 있는지 모른다. 하지만 베스테르와 헬렌이 맺고 있는 관계로 그녀의 사유와 인식을 가늠할 수 있다.

헬렌이 심장발작을 일으켜 입원했을 때 그녀의 병상을 처음부터 끝까지 지켜준 이도 베르테르다. 그런 친구를 둔 때문인지 모르지만, 헬렌은 여성 화가임을 거부한다. 화가면 됐지, 무엇 때문에 화가 앞에 '여성'이라는 수식어가 필요하냐고 거칠게 되묻는 헬렌. 그녀에게서 당차고 여물며 고집스러운 결기가 풍겨 나오는 장면이다.

병상의 헬렌을 찾아온 에이나르를 준열하게 꾸짖으며 그가 가져온 꽃만 받는 베스테르. 사랑의 상실과 사랑의 슬픔으로 괴로운 친구 헬렌을 대신하는 강고한 여성 베스테르는 당대 핀란드의 진보적인 여성상을 온전히 구현한다. 인생의 든든한 동반자 베스테르는 핀란드의 선구적인 화가 헬렌의 존립에 결정적인 구실을 한다.

사랑, 그 닿을 수 없는 쓸쓸함

헬싱키에서 멀리 떨어진 전원의 소도시 히방카에 거주하는 헬렌이 낯선 방문객을 맞는다. 화상인 괴스타 스텐만과 그와 함께 온 에이나르 레우테르가 그들이다. 그림을 보러왔다는 괴스타의 말에 헬렌이 고개를 갸우뚱한다. 예술계와 단절한 채 자신만의 화풍을 다져가고 있던 헬렌에게는 뜻밖의 일이다. 영화의 전환이 이뤄지는 시점이다.

산림감독관이자 아마추어 화가이며 젊은 작가인 에이나르. 그는 남다른 안목으로 헬렌 쉐르벡의 예술세계에 매료된 인물이다. 그의 제안으로 헬싱키에서 열린 그림 전시회는 대성공을 거둔다. 아주 오랜만에 헬싱키를 찾는 헬렌과 그녀를 데려가는 고풍스러운 555번 증기기관차가 화면을 채운다. 굉음과 연기로 낡은 공감각을 선사하는 열차!

열차와 자동차를 매개로 그들은 조금씩 마음을 열어간다. 이미 중년에 접어든 여인 헬렌은 청춘의 에이나르를 향한 마음을 자꾸만 억누른다. 그녀가 에이나르의 초상을 그리는 장면은 영화의 백미다. 에이나르의 뒤에서 그의 손을 잡아 화필을 돕는 헬렌이 그의 체취에 취해 흠칫 놀라며 몸을 빼는 장면. 등에 닿을 듯 말 듯 끝내 닿지 않는 얼굴.

헬렌은 에이나르를 탐미사리로 보낸다. 그것도 돈까지 주면서 고집스럽게 그를 탐미사리로 보낸다. 꼭 거기 가서 보고 와야 할 것이 있다면서. 감독은 이 장면을 설명하지 않는다. 하지만 그녀가 보낸 8통의 편지에 대한 유일한 답신은 헬렌을 치명적인 상태로 몰고 간다. 그가 돌아오면 다 털어놓겠다던 그녀의 고백은 어떤 운명과 만날 것인지.

영화가 남긴 것들

두 시간의 상영시간이 짧게 느껴진 것이 나만의 생각인지 모르겠다. 함께한 3인의 감상을 물어보지 않았기에 정답은 여백으로 남는다. 핀란드의 뭉크로 불리는 헬렌 쉐르벡의 중년을 담담한 색채와 느릿한 속도와 단아한 풍경으로 그려낸 영화 <헬렌: 내 영혼의 자화상>. 하지만 거기서도 감독은 근대 핀란드의 풍광을 담아낸다.

1918년 1월부터 5월까지 전개된 핀란드 적백내전. 36,000여 사망자와 씻기 어려운 상흔. 내전의 상처와 고통을 드러내는 포로수용소가 있던 탐미사리. 그곳을 향한 헬렌 쉐르벡의 고집스러운 지향. 아울러 곳곳에서 헬렌은 그림에 대한 자신의 사유를 거침없이 쏟아낸다. 그것이 어쩌면 그녀를 <절규>의 작가 뭉크로 비유하는 원천인지도 모른다.

전쟁과 가난을 그림의 소재로 쓴 화가 헬렌. 그녀는 일찍부터 사실주의 화풍을 던져버리고 자신만의 감성과 표현에 몰두함으로써 모더니스트의 길을 걷는다. 자신의 얼굴을 포함한 많은 사람의 얼굴을 그리면서도 그녀는 굳이 아름다움을 취하려 하지 않는다. 그림에 대한 그녀의 생각은 간명하지만, 분명 강력한 힘이 있다.

"추한 그림에서도 인간의 영혼은 아름답게 빛나는 법이야."

"자화상을 그리는 것은 별이 무수히 반짝이는 하늘을 그리는 것처럼 힘들어."

중경삼림

감독 왕가위
각본 왕가위
출연 임청하, 양조위, 왕페이, 금성무
개봉 2021. 03. 04.

CUT

사랑, 거부할 수 없는 그 끌림에 관하여
중경삼림

오래된 영화를 보는 것은 위험한 일이다. 그것은 천연색 앨범에 끼어있는 흑백사진 같은 불협화이며, 설렘과 두려움의 모순되는 양가감정을 동반하기 때문이다. 그것은 망각의 나락으로 던져진 추억과 관계를 소환하며, 완전히 변해버린 시공간과 인과율을 되살려내기 때문이다. 또한 그것은 다가올 날들의 아픈 상처를 미리 재연하기도 한다.

왕가위 영화는 관객에게 깊은 내상을 남긴다. <아비정전>(1990)에서 그는 인간의 실존과 존재의 의미를 사랑에서 포착하려고 한다. 이것은 <중경삼림> (1994), <동사서독> (1995), <화양연화> (2000), <2046> (2004), <마이 블루베리 나이츠> (2008) 등에서 다채롭게 변주된다. 하지만 왕

문학교수, 영화 속으로 들어가다 8

가위 영화의 본령은 사랑의 모순에서 찾는 인생의 본질이다.

<중경삼림>은 사랑을 잃은 두 남자의 다른 듯 닮은 이야기를 얼개로 진행된다. 1994년 4월 초하루에 시작하여 5월 초하루까지 첫 번째 이야기가 펼쳐진다. 두 번째 이야기는 같은 해 5월 초하루에 시작하여 대략 1년 넘는 동안 진행된다. 사랑을 잃은 청춘들이 어떻게 새로운 사랑과 만나게 되는지를 유려하게 보여주는 영화가 <중경삼림>이다.

사랑의 유통기한: 메이와 지무

4월 1일 작별을 통보받은 사복경찰 223 하지무는 갈피를 못 잡고 비틀거린다. 5년을 함께 한 연인 메이가 그를 떠난 것이다. 그는 메이 이외의 다른 선택지가 없다. 순정하고 소심한 그가 하는 일이라고는 메이 주변 사람들에게 밤마다 전화하는 것밖에 없다. 그것도 사태의 핵심을 말하는 것이 아니라, 완곡어법으로 속내를 감춘다.

우리는 지무를 비난할 수 없다. 78억 지구인의 사랑법은 78억 가지이기 때문이다. 그는 유통기한이 5월 1일까지인 파인애플 통조림을 매일 산다. 1개월을 자신에게 부여하여 메이가 좋아했던 통조림에 예의를 갖추는 것이다. 더욱이 5월 1일은 지무 자신의 생일이며,

동시에 메이의 날, '메이데이'이기 때문이다. 그가 설정한 사랑의 유
통기한 한 달!

그가 괴로운 마음으로 토로하는 사랑의 유통기한은 울림이 크고
깊다.

"사랑이 통조림에 들어있다면, 유통기한이 없으면 좋겠다.
사랑에도 유통기한이 있다면, 내 사랑의 유통기한은 만
년으로 하고 싶다."

사랑의 인과율: 지무와 금발여인

지무가 범죄 용의자를 추격하다가 레인코트의 금발여인과 스치듯
지나간다. 고층빌딩이 밀림처럼 솟아있는 홍콩의 번잡한 도로를 지나
는 숱한 사람들. 그들은 어제도 오늘도 옷깃을 스치며 지나가지만,
거기서 맺어지는 인연은 흔치 않다. 정신없이 달려가는 지무를 뒤에
서 지켜보는 금발여인. 그들의 관계는 어떤 인과율로 맺어질 것인가.

마약 밀매단의 일원인 그녀는 목숨이 위태롭다. 죽거나 죽이거나,
다른 선택은 없다. 온종일 생사의 갈림길을 넘나든 그녀가 바에 들
어온다. 4월 30일 밤과 5월 1일 새벽. 지무가 그녀에게 다가간다. 그
들은 이미 구면이다. 57시간 전에 지무는 금발여인과 0.01센티미터

거리를 지나쳤다. 인연은 물리적 거리와 무관하게 만들어지는 법 아닌가.

금발여인의 독백에는 사랑과 인연에 관한 대답이 들어있다.

> "파인애플을 좋아하는지 아닌지는 중요하지 않다. 오늘은 좋아했다가, 내일은 다른 걸 좋아할 수도 있으니까. 모든 것은 변하기 마련이다."

<중경삼림>의 첫 번째 이야기는 1개월 동안 진행된다. 사랑의 상처를 견디면서 망각을 시도하는 지무. 금발여인과 지무가 만들어갈지도 모를 새로운 관계를 열린 결말로 포착하는 왕가위. 그렇게 홍콩의 메이데이는 다시 환하게 밝아온다.

사랑의 유효공간: 페이와 633

짧은 순간 스낵바 앞에서 지무와 페이의 동선이 겹친다. 왕가위는 그녀가 경찰 633과 사랑에 빠질 것이라고 예고한다. 지무처럼 633도 실연으로 괴로워하는 인물이다. 25,000피트 상공의 비행기에서 사랑하는 여인을 만난 633. 하지만 그녀는 항로를 바꾸고, 그의 아파트 열쇠가 든 편지만 남기고 홀연히 사라진다.

스낵바의 새로운 얼굴 페이가 그의 공간에 들어온다. 떠나간 애인을 잊지 못하는 경찰 633의 순애보에 마음이 끌린 페이가 그의 아파트를 몰래 찾는 것이다. 그만의 고유하고 내밀한 거주공간을 조금씩 자신의 방식으로 바꾸는 페이. 우렁각시처럼 그녀는 그의 부재를 이용하여 아파트를 청소하고, 예전 여인이 남긴 흔적을 하나둘씩 지워 나간다.

그들이 함께했을 공간을 바꿈으로써 그를 과거의 기억에서 벗어나게 하려는 것이다. 또한 그녀의 향기와 취향을 곳곳에 부설함으로써 자신의 존재를 새기려고 한다. 잘 만들어진 장면 하나. 돋보기를 든 그녀가 감식반 형사처럼 침대 곳곳을 뒤진다. 마침내 그녀가 괴로운 탄성을 내지르며 애꿎은 베개만 두드려댄다. 그 여자의 머리카락을 찾아낸 것이다.

633과 페이의 이야기에서 공간은 돌고 돈다. 비행기에서 633의 아파트로, 아파트에서 스낵바로, 캘리포니아 식당에서 비행기로 돌다가 마침내 스낵바로 회귀한다. 비행기를 매개로 시작된 633의 사랑은 여러 공간을 이동하다가 끝내 둘의 재회로 막을 내린다. 그들 각자 따로 존재했던 공간이 이제야 비로소 하나의 공간으로 통합되는 것이다.

사랑의 소품

첫 번째 이야기에는 주목할 만한 두 가지 소품이 등장한다. 공중전화와 삐삐다. 이제는 박물관으로 보내도 손색없을 지난 세기 90년대의 의사소통 장치다. 지무는 밤마다 이 여자 저 여자에게 구질구질하게 공중전화를 건다. 홀로 있음에 전혀 익숙하지 않은 탓이다. 옛 애인의 전화기 너머로 들리는 남자의 목소리. 공중전화의 쓸모는 거기까지다.

반면에 그의 생일날 아침 6시 정각에 울려 퍼지는 삐삐의 신호음은 강력한 반전의 기제로 작동한다. 금발여인과 함께 따로 보낸 호텔의 702호에서 보내온 구조신호다. 지무의 25번째 생일을 축하하는 통신기기. 고통의 눈물 대신 아픔을 달래도록 하늘이 그에게 선사하는 빗줄기도 그의 내면 풍경을 적실하게 보여주는 소품으로 작용한다.

물은 두 번째 이야기에서도 소품으로 작용한다. 633의 아파트에 차고 넘치는 물의 향연. 그리고 약속이나 한 듯 만나게 되는 그와 페이. 633이 옛 애인과 장난치던 비행기는 페이의 손에 들려 방 안 곳곳을 날아다니다가 어항에 침몰한다. 663에게 남겨졌다가 페이에게 전해진 편지는 그들의 관계를 진척시키는 중요한 소품이다.

캘리포니아 식당에서 전달받은 페이의 편지를 633은 쓰레기통에 던져버린다. 빗줄기에 젖어가던 편지를 편의점에서 잘 펴서 말리는 633. 그것은 앞의 편지와 대비되면서 변화를 암시한다. 페이의 냅킨 편지는 그 이후에 633의 마음을 한 번도 떠난 적이 없다. 훗날 페이는 낡고 흐려진 옛날 편지 대신 새로운 편지를 써주려고 한다.

사랑에 관한 왕가위의 철학

<중경삼림>의 인물들이 스치고 엇갈리는 장면은 흥미롭다. 페이가 호랑이 인형을 사 들고 나오다가 금발여인을 지나치는 장면은 페이가 지무와 스치는 장면과 겹친다. 하룻밤 같은 공간에 자리하지만, 각자의 영역에서 따로 존재한 지무와 금발여인의 장면 역시 엇갈림을 구현한다. 캘리포니아에서 예정된 만남이 불발하는 것도 같은 맥락이다.

오늘도 수많은 남녀가 거리에서 서로 엇갈리며 길을 간다. 다시 만나지 못할 사람들이지만, 아주 드물게는 남다른 인연으로 엮이기도 한다. 세상사는 근본적으로 미지의 영역에 속한다. 왕가위는 사랑과 인생의 그와 같은 본령을 신속한 크로키 형식으로 잡아내는 달인이다. 그는 우리 주변의 사소한 일상과 소품에서 사태의 고갱이를 잡아낸다.

왕가위가 인물들을 어긋나도록 설정한 것에는 이유가 있다. 어떤 사랑도 쉽게 시작되지 않으며, 시작이 있다면 반드시 끝도 있기 때문이다. 열린 결말의 영화지만, 이들 네 사람의 미래를 낙관적으로 볼 여지도 적잖아 보인다. 하지만 그것은 지독한 상실과 고통의 시공간과 인과율을 넘어야 비로소 가능하리라는 왕가위의 철학에서 출발한다.

새로운 형식이나 표현기법에도 관심이 있지만, 왕가위는 근접 촬영에 일가견이 있다. 거기서 드러나는 소품이나 장면처리 방식을 '그저' 스타일이라고 여기는 사람은 재고(再考)해야 한다. 왜냐면 그 지점이 실제로는 우리가 흔히 놓치고 버벅대는 삶의 본질 가운데 하나이기 때문이다. 왕가위는 생의 밑바닥을 속속들이 파헤치는 거장이다.

스파이의 아내

감독 구로사와 기요시
각본 하마구치 류스케, 구로사와 기요시
출연 아오이 유우, 타카하시 잇세이,
      히가시데 마사히로
개봉 2021. 03. 25.

사토코는 정말 스파이의 아내였나?!
스파이의 아내

일본의 실사영화는 한때 세계적으로 높은 평가를 받았다. 1950년 베네치아 황금사자상을 받은 <라쇼몽>의 구로사와 아키라, 영화 감독들의 극찬을 받는 <동경 이야기>(1953)의 오즈 야스히로, <하나비>(1997)의 기타노 다케시 같은 유명감독을 손꼽을 수 있다.

그런데 요즘 일본 영화계는 생기를 잃어가고 있다. 2019년 칸영화제 황금종려상에 빛나는 <어느 가족>(2018)의 고레에다 히로카즈와 <스파이의 아내>(2020)를 연출한 구로사와 기요시 정도를 제외하면 이렇다 할 감독이 보이지 않는다.

전통적으로 강세인 만화영화(애니메이션)가 일본 영화의 주류처럼 보이는 현상이 전혀 이상하지 않다. <센과 치히로의 행방불명>(2002)과 <하울의 움직이는 성>(2004)의 미야자키 하야오, <시간을 달리는 소녀>(2007)와 <썸머 워즈>(2009)의 호소다 마모루, <초속 5센티미터>(2007), <너의 이름은>(2017)의 신카이 마코토 같은 거장이 즐비하다.

<스파이의 아내>는 아사히 텔레비전의 단막 드라마를 영화로 만든 것이다. 텔레비전 드라마로 방영하여 인기를 얻어야 비로소 투자가 들어온다는 얘기다. 문화산업으로 수용되는 영화에는 예술적 요소뿐 아니라, 기술과 자본이 필수적이다. 미국 자본이 투입되어 마무리된 <카게무샤>(1980)의 쓰라린 과거가 되풀이되는 것이 일본 영화의 현주소다.

영화의 시공간

<스파이의 아내>는 태평양 전쟁이 발발하기 직전인 1940년 일본의 항구도시 고베를 시공간으로 하는 영화다. 1941년 12월 8일 일본이 하와이 진주만을 기습함으로써 발발한 것이 태평양 전쟁이다. 일본은 1931년 만주사변과 1937년 중일전쟁을 계기로 대륙침략을 노골적으로 감행한다. 여기서 중추적인 구실을 했던 부대가 관동군이다.

영화에서 만나는 공간은 고베에 국한되며, 부산과 한반도, 만주와

상해, 인도의 봄베이와 런던 및 샌프란시스코는 대화로만 처리된다. 무역상(貿易商) 유사쿠가 자신의 조카 후미오와 함께 만주에 갔다가 고베 항구로 데려오는 여인 히로코와 흑백으로 처리된 관동군 필름으로 관객은 확장된 공간을 간접적으로 확인할 수 있다.

영화의 시간은 상당히 확장돼있다. 1945년 8월 15일 일제의 완전한 패망과 1년 후에 있은 사토코의 미국 방문에 이르기까지 적어도 6년 이상의 시간 경과를 <스파이의 아내>는 포용한다. 영화의 시간이 객석에 가지는 의미는 2020년에 구식 영사기 필름으로 확인할 수 있는 일제 관동군의 야만적인 행적의 확인일 것이다.

남편 유사쿠는 정말 스파이였나?!

영화를 보면서 의아하게 생각한 것이 '스파이'라는 단어였다. 본디 스파이의 사전적인 의미는 "대립 관계에 있는 국가나 기업에 침투하여 기밀을 알아내는 사람"이다. 유사쿠는 일본인이고, 그가 만주에서 얻어낸 극비자료는 일본 관동군이 중국인과 조선인들을 대상으로 하여 천연두를 비롯한 일군의 악랄한 생체실험을 했다는 내용을 담고 있다.

일본인이 일본군의 정보를 가지고 인도주의적인 목적으로 그것을 세계에 알리겠다는 것인데, 그를 스파이라고 부를 수 있는가?! 유사쿠는 자신을 '코스모폴리탄(세계주의자)'이라고 선언한다. 무의미한 전쟁을 일으킨 일본은 미국이 개입하게 되면 필연적으로 패망하게 되리라는 것을 유사쿠는 확신하고 있다. 그런 남편을 이해하지 못하는 아내 사토코.

이 지점부터 <스파이의 아내>는 흥미를 자아낸다. 유사쿠의 눈에 사토코는 늘 철이 없고 귀엽기 그지없는 여성이다. 반면에 사토코에게 유사쿠는 절대적인 사랑과 의지의 대상이다. 그가 만주에서 돌아왔을 때 마중 나간 사토코가 얼굴에 함박웃음을 지으며 남편에게 달려가 안기는 장면은 그들 관계를 압축적으로 드러낸다.

우리는 사토코와 유사쿠가 어떤 인연으로 부부가 되었는지 알지 못한다. 더욱이 헌병분대장 타이지가 고베로 전근 온 것이 사토코 때문이라는 유사쿠의 말에 담긴 함의도 잘 모른다. 그만큼 등장인물들의 관계는 오직 현재에만 집중돼있다. 세 사람 사이의 관계에서 삼각관계의 요소를 찾기가 쉽지 않다. 감독의 노련한 속임수처럼 보인다.

문학교수, 영화 속으로 들어가다 8

유사쿠와 타이지

세계주의자 유사쿠는 언제나 깔끔한 정장과 넥타이 차림이다. 그는 우아하게 위스키를 마시며, 최신의 영사기를 돌려가며 가정용 영화를 제작하는 호사가다. 그의 비밀금고 옆에 자리하고 있는 체스판에 놓인 말들은 여러 가지를 생각하도록 한다. 국가나 사회의 대격변이나 역사적 변동의 소용돌이 속에 처한 개인의 운명 같은 것 말이다.

반면에 타이지는 언제나 일본제국의 헌병 분대장 제복 차림이다. 군화와 군모는 물론 빳빳하게 다려진 제복과 군도의 날카로운 선이 그를 웅변한다. 타이지의 집무실 한가운데 적혀있는 한자 '忠孝 충효'는 그의 세계관 전체를 압축한다. 국가주의자이자 민족주의자이며, 일본 제국주의의 첨병인 그는 제국주의의 충실한 수호자이기도 하다.

그들의 대결과 각축 한가운데에 위태롭게 떠 있는 섬이 사토코다. 그녀가 남편이 부재중인 집으로 타이지를 초대해 위스키를 권하는 장면은 유사쿠와 타이지 사이의 머나먼 거리를 명징하게 드러낸다. 일제와 적대적인 관계에 있는 영국의 술을 마실 수 없다면서 위스키를 단호하게 거부하는 장면은 영화의 전개 방향을 은연중에 암시한다.

왜 '아내'에 방점이 찍혀 있는가?!

<스파이의 아내>에서 주인공은 유사쿠가 아니라 사토코다. 사토코의 눈으로 보는 제국주의 일본과 관동군 예하 731부대의 생체실험 만행, 일제의 패망과 유사쿠의 실종 같은 주요한 사건은 모두 사토코의 시선에 포착된 것들이다. 이것은 구로사와 기요시가 현대 일본의 치명적인 문제를 교묘하게 피해 나가기 위한 고육책이자 전략이다.

나치 독일의 후예 도이칠란트와 달리 일본은 지금까지 태평양 전쟁 전후에 벌어진 일제의 야만적인 행위에 대해 어떤 사과도 반성도 하지 않았다. 사실관계 확인조차 거부해온 나라가 현대 일본의 실체다. <스파이의 아내>에도 유사쿠가 입수한 문제의 흑백필름이 연합군의 수중에 들어가 일제의 야만성을 폭로했다는 내용은 나오지 않는다.

객석을 채운 관객들만이 '아, 저것이 731부대가 자행했다는 비인간적이고 비인도적인 생체실험의 실상이구나' 하는 정도를 알아차릴 뿐이다. 그런 이유로 영화는 '스파이'라 불린 유사쿠의 행적이 아니라, 스파이의 아내가 되겠다고 결심한 사토코의 행적을 좇는 것이다. 그런 까닭에 영화 주인공은 유사쿠가 아니라, 사토코가 된다.

사토코가 갇힌 정신병동은 6호실이다. 안톤 체호프가 1890년 사할린 여행을 마치고 나서 탈고한 중편소설 「6호실」(1892)에서 모티프를 얻은 것이다. 비폭력 무저항을 주장했던 멀쩡한 의사가 광인으로 몰려서 죽음을 맞는다는 소설 「6호실」. 사토코는 일본 전체가 미쳐 돌아갈 때 스스로 광인을 자처함으로써 시대의 증인이 된 셈이다.

타이지가 후미오의 손톱 열 개를 하나도 남기지 않고 생짜로 뽑는 장면은 당대 일본의 광기가 극에 달했음을 보여준다. 일본 제국주의 광기의 소용돌이 속에서 소리소문없이 사라진 남편의 행방을 추적하면서 끝까지 살아남아 일제의 본질을 소극적으로나마 폭로하는 사토코. 아마 그것이 구로사와 기요시가 도달한 최종지점은 아니었을까?!

  * 덧붙임: 영화를 보면서 머릿속에 윤동주 시인이 내내 떠오르는 것이었다. '불령선인不逞鮮人'(불온하고 불량한 조선사람)으로 내몰려 후쿠오카 형무소에 수감되었던 윤동주. 그는 동지사 대학에서 영문학을 공부하다가 용정 시골집의 부모님을 찾아가다가 체포-구금된 것이다.

윤동주는 사촌 송몽규와 함께 모진 고문과 생체실험을 당해야 했다. 영화에서 흑백필름으로만 드러나는 731부대의 만행은 후쿠오카의 윤동주와 송몽규 같은 조선의 저항적인 지식인에게 고스란히 적용되었다. 동주는 결국 해방을 불과 6개월 앞둔 1945년 2월 16일 절명하고 만다. 죽기 전에 동주는 뜻을 알 수 없는 외마디 소리를 질렀다고 한다.

몇 년 전 일본의 고3 『국어 교과서』에는 윤동주 시인에 관한 글이 실렸다. 시인의 사인을 찾는 것이야말로 "우리 일본인들이 마땅히 해야 할 의무"라는 게 글의 마지막 대목이었다. 일본인들이 가지고 있는 이중성을 극명하게 드러낸 대목이 아닐까, 생각한다. 국가와 행정부 수반들은 모르쇠로 일관하면서, 일본인들은 동주에게 존숭과 예의를 갖추는 놀라운 이중성 말이다.

하기야, 우리나라 사람들 가운데 적잖은 자들이 이른바 '토왜'로 일본의 앞잡이로 활동하면서 이익을 챙기고 있으니 뭐라 할 것인가?! 우리 내부의 문제가 산적한 마당에 남의 나라에 "감 놔라 배 놔라" 할 수 있겠는가, 하는 상념도 든다. 여러 가지 생각할 거리를 던져주는 영화가 <스파이의 아내>다.

패왕별희

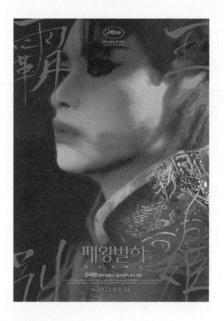

감독　챈카이거
각본　이벽화
출연　장국영, 공리, 장풍의
개봉　2021. 03. 31.

경극으로 그려낸 인간군상과 중국 현대사

패왕별희

첸카이거 감독은 <현 위의 인생>(1991)과 <패왕별희>(1993)로 내 삶에 들어온다. 그는 나중에 <무극>(2006)이나 <매란방>(2009) 같은 영화를 연출했지만, 절정을 지나 낙화로 접어든 느낌이다. 장예모 감독과 함께 현대 중국영화를 대표하는 5세대 감독의 호칭을 부여받고, <패왕별희>로 제43회 칸영화제에서 황금종려상을 받은 첸카이거.

아무도 없는 영화관에서 3시간 동안 지나간 날들과 인물과 사건을 홀로 만나는 것은 유쾌한 일이다. 파란만장한 중국 현대사의 소용돌이를 하나하나 들여다보는 영화의 시선은 아플 만큼 매섭다. <패왕별희>는 절제된 수미쌍관의 구성과 톨스토이 장막극의 정제된 6막 형식을 빌려온다. 개별적인 장면은 브레히트 서사연극처럼 그 자체로

완결된 전체다.

중일전쟁과 문화혁명 시대를 살아갔던 광대들의 이야기를 브레히트와 톨스토이의 작법에 기초한 영화로 풀어냈다는 사실이 흥미롭다. 더욱이 서사의 바닥에는 초 패왕 항우와 우희(虞姬)의 구슬픈 이야기가 자리한다. 한편으로 역사의 거대한 수레바퀴가 도도하게 흐르고, 다른 한편으로 역사에 치이기도 하고, 역사에 무너지는 인생들이 그려진다.

경극(京劇) 배우의 삶

1924년 아름다운 여인이 사내아이를 데리고 경극단에 들어온다. 그녀는 가난 때문에 몸을 팔아야 하는 한낱 창녀로 아이를 더는 거둘 수 없는 처지다. 하지만 엄격한 경극 사부는 육손이란 이유로 아이를 받지 않는다. 이윽고 피투성이가 된 아이가 다른 아이들 틈에 섞여 생활하기 시작한다. 생모가 있음에도 졸지에 고아 신세가 된 소년 두지.

이 몸은 비구니요, 꽃다운 나이에 사부님께 머리를 깎였네.
나는 본디 계집으로서 사내도 아닌데, 어찌하여...

사내들만 무대에 오를 수 있기에 여성 배역도 남자가 맡아야 했던 경극. 거기서 두지는 남성으로 타고난 자신의 성적 정체성을 스스로 부정해야 한다. 두지가 일부러 틀릴 때마다 고문처럼 날아오는 사부의 가혹한 매질. 그런 두지를 안타깝게 바라보고 지켜주려는 어른스러운 소년 시투. 그들의 삶은 그때부터 운명적으로 서로 엮이게 된다.

> 올해가 몇 년이냐?
> 민국 21년(1932년)입니다.
> 무슨 소리냐? 선통 24년이야!

청나라 마지막 황제 선통제의 내시였던 장 내관과 두지의 대화다. 장 내관은 경극단의 후원자이자 호색한이다. 두지의 공연에 장 내관이 알 듯 모를 듯 앓는 소리를 한다. 그의 침실로 붙들려가는 두지와 어쩔 줄 모르는 시투. 배우와 극단 후원자의 고금동서 예외 없는 관계를 그려내는 첸카이거. 배우의 삶은 언제 어디서든 신산하기 그지없다.

단샬루(시투)와 주샨, 원세경(원대인)과 청데이(두지)

1937년 7월 7일 노구교 사건으로 중일전쟁이 발발한다. 이제 북경 제1의 경극 배우로 성장한 시투와 두지. 그들은 단샬루(段小樓)와 청데이(程蝶衣)의 이름으로 <패왕별희>의 패왕과 우희를 연기한다. 일본군

장교들뿐 아니라, 친일파 거부 원세경(원대인)도 데이의 연기에 감동한다. 극단의 후원을 약속하며 데이에게 접근하는 원대인.

당당하고 늠름한 청년으로 성장한 샬루의 마음을 흔드는 여인 주샨(菊仙). 북경의 유명한 주루(酒樓)의 대표 미인 주샨을 따르는 숱한 남정네. 날로 친밀해지는 주샨과 샬루의 관계로 고통받는 데이. 그는 샬루에게 자신의 마음을 토로한다.

> 우리 평생 함께 노래하면 안 될까?
> 반평생이나 함께 노래했잖아.
> 아니, 평생 함께해야 해. 일분일초라도 모자라면 평생이
> 아니잖아.

경극의 우희처럼 샬루를 사랑하는 데이. 그는 경극과 현실을 동일시하지만, 샬루는 경극과 현실은 엄연히 다름을 인식한다. 경극을 대하는 그들의 관점 차이를 심화하는 인물이 주샨이다. 주샨과 데이의 갈등과 반목이 영화를 풀어나가는 주요한 원천 가운데 하나다. 원대인은 샬루의 부재로 인한 데이의 허무를 잠시 채워주는 대체재로 기능한다.

문학교수, 영화 속으로 들어가다 8

결정적인 파국

<패왕별희>에서 가장 극적인 장면은 중일전쟁도 국민당 정부
(1945)와 공산당 정부(1949)도 아니다. 그것은 1966년부터 시작된 '문
화대혁명'이다. 반동적인 문화와 습속을 청산하여 사회주의를 건설
하겠다는 목표로 시작된 문화대혁명은 기존의 모든 권력과 관계를
붕괴시킨다. 공자묘가 파괴된 것처럼 중국의 전통적 연희인 경극도
파국을 맞는다.

열대여섯 살 먹은 홍위병을 중심으로 이뤄진 피어린 칼춤으로 마
무리되는 인민재판의 서슬이 살벌하다. 우리의 주인공들도 어김없이
소환된다. 이 지점이 첸카이거가 매우 공들여 만든 장면이자 <패왕
별희>의 절정이 아닌가 한다. 언젠가 데이가 측은지심으로 거둔 천
애고아(天涯孤兒) 샤오쓰가 당대 홍위병의 면면을 대변하는 인물로 등
장한다.

서로 고발하고, 부정하며, 손가락질하고, 비웃고, 찢어발기고, 할퀴
면서 압살해버리는 기막힌 장면 앞에서 그들 각자는 망연자실 넋을
잃는다. 거기서 우리는 인간도 예술도, 우정도 사랑도 모조리 잃어버
린 인간들의 처절한 막장을 확인한다. 살아남기 위해 상대방 바닥까
지 파고 들어가는 인간군상. 단 한 줄기 희망의 빛도 보이지 않던
시공간.

이 자는 일본군 앞에서 노래한 매국노입니다.
국민당 병사들 앞에서도 노래했고,
악질반동 원세경에게 몸까지...

우희, 패왕과 작별하다

다시 세월이 흐르고 흘러 1977년. 1976년 9월 모택동 사망과 10월의 4인방 숙청 그리고 등소평의 복권이 실현된 시점. 패왕과 우희의 복장과 분장을 한 샬루와 데이가 퇴락한 극장으로 들어온다. 객석은 텅 비어있다. 그들의 공연은 오직 자신들만을 위한 것이다. 데이가 아주 옛날 어렸던 시절에 읊었던 대사를 노래하고, 샬루가 맞받는다.

나는 본디 사내로서 계집도 아닌데...
틀렸어! 또 틀렸어!
나는 본디 사내로서 계집도 아닌데...

샬루가 나무라지만, 데이는 자신의 대사를 수정하지 않는다. 그리고 시투의 칼자루에서 검을 꺼내 든다. 1924년부터 53년 동안 끊어질 듯 이어져 온 관계를 끊을 시각이다. 경극 <패왕별희>의 영원한 배우로서 샬루와 데이의 마지막 공연은 그렇게 막을 내린다. 사내로 태어나 계집이 된 데이가 마침내 사내로 돌아가는 장면은 처연하고 눈물겹다.

영화 <패왕별희>는 경극으로 결합한 두 사내와 한 여자를 둘러싸고 진행되면서, 너무도 많은 사건이 파노라마처럼 전개된다. 인간적인 사랑과 정리는 물론, 사회-정치적인 격변과 역사적 격랑을 살아가야 했던 인물들의 신산한 세상살이가 숨 막힐 듯 펼쳐진다. 1993년부터 중국 공산당이 경극 공연을 다시 허가했다는 자막이 저 멀리 아련하다.

5세대 감독 이후

첸카이거의 2000년대 행적은 1993년의 <패왕별희>와 거리가 멀다. 2009년 <건국대업>에서는 1945년 일제 패망 이후 모택동의 게릴라 군대가 장개석의 국민당 군대를 격파하고 사회주의 중국 건설에 성공한 이야기를 담는다. 2019년 10월 1일 중국 국경절을 기념하는 영화 <아화아적조국 (나와 나의 조국)>은 그야말로 국뽕영화의 정수다.

하기야 같은 5세대 감독인 장예모의 변신도 그리 놀랍지 않다. <붉은 수수밭>(1989), <홍등>(1992), <귀주 이야기>(1994), <인생>(1995)으로 화려한 영화 인생을 선보인 장예모. <타이타닉>을 능가하는 기막힌 소품 <집으로 가는 길>(2000)로 찬탄을 받은 그는 2003년 <영웅> 이후 국가주의, 대국주의, 중화주의로 급격하게 선회한다.

5세대 감독 이후 중국에는 체제나 역사를 비판적으로 바라보는 영화가 나오지 않는다. 세계의 영화 관객이나 영화제 역시 그런 중국영화를 더는 기대하지 않는 듯하다. 한국영화의 강세는 세계 영화계의 강력한 축이던 일본과 중국영화의 조용한 몰락과도 연관이 있어 보인다. 그래서 <패왕별희>의 빛나는 성취가 더욱 아쉽게 느껴지는가 보다.

'세상의 모든 것은 변한다'는 붓다의 유언처럼 세계도 중국도 나날이 변한다. 그래도 한때는 세상을 호령했던, 곤궁하고 힘겨웠던 시절의 중국영화가 그리울 때가 있다. 돈과 명예와 권력으로 둔갑한 21세기 중국영화를 보게 되면 기쁨보다 짠한 느낌이 찾아든다. 어쩌면 그것은 올드팬으로서 나의 고유한 감상일지도 모를 일이지만.

노마드랜드

감독 클로이 자오
각본 클로이 자오
출연 프란시스 맥도맨드
개봉 2021. 04. 15.

길에서 길로 길을 떠돌다
노마드랜드

한 편의 영화를 보고 나면 여러 상념이 떠온다. <미나리>는 담담하고 싱거운 느낌, <패왕별희>는 묵직하고 둔중한 느낌, <중경삼림>은 경쾌하고 아련해지는 느낌처럼 영화는 각각 다른 맛과 정감을 자아낸다. 2020년 베네치아 영화제 황금사자상과 2021년 아카데미 작품상에 빛나는 <노마드랜드>는 가슴 시린 아픔과 여운을 선사한다.

중국 출신의 듣보잡 감독이 만든 영화라는데, 관객을 휘어잡는 능력이 탁월하다. 색깔과 향기가 다른 만남과 헤어짐, 자연풍광과 인간의 대비, 홀로 맞는 삶의 양상과 더불어 곳곳에 부설된 기막힌 음악! 젊은 나이의 감독이 포착하는 감성과 인식의 폭과 깊이가 놀랄 만하다. 봉준호 감독이 꼽은 차세대 감독 20인에 그녀가 포함된 이유를 알겠다.

　'노마드'는 21세기 초에 우리나라에서 크게 유행했던 말이다. 노마드는 유목민이나 방랑자로 번역된다. 프랑스 철학자 들뢰즈의 정의에 따르면, 노마드는 특정한 가치와 삶의 방식에 얽매이지 않고 자기 자신을 바꾸며 창조적으로 사는 인간을 뜻한다. 따라서 정착하지 않고 떠도는 사람들의 나라 정도가 <노마드랜드>의 의미일 것이다.

어디를 떠돌고 있는가

　영화의 주인공 펀은 오래된 흰색 밴을 몰고 다닌다. 60대 여성 노동자 펀의 삶은 외주노동으로 유지된다. 관객은 그녀가 이동하는 공간을 따라 미국 곳곳과 만난다. 사우스다코타에서 시작한 여정은 네브라스카를 거쳐 서부의 네바다와 캘리포니아를 지나 아리조나에서 멈춘다. 미국 중부에서 시작하여 태평양을 거쳐 아리조나로 이어지는 펀의 길.

　펀의 언니는 밴을 타고 떠도는 동생의 편력에 역사적인 의미를 부여한다.

"펀은 서부 개척 시대에 조상들이 간 길을 잇고 있는 거야!"

그녀는 펀의 길이 조상들의 길과 전혀 다름을 알지 못한다. 조상들은 말과 마차를 타고 동부에서 중부를 거쳐 서남부로 이동했다. 숱한 인디언들을 사냥하고 약탈하며 살육하면서 그들은 정착할 땅을 찾아서 이동에 이동을 거듭했다. 하지만 펀의 길은 방향은 같지만, 목표가 전혀 다르다. 그녀는 정착할 땅을 구하려고 길을 떠돌지 않기 때문이다.

사람들이 말하는 집, 대지에 터를 잡고 움직이지 않게 고정된 집을 펀은 찾지 않는다. 그녀의 집은 움직이는 '밴'이다. 그래서 거액의 수리비가 나와서 수리공들이 차라리 밴을 파는 게 낫다고 하자 그녀는 즉시 거부한다. 밴은 펀에게 타인들의 집과 같은 존재이자 의미이기 때문이다. 그녀가 죽은 남편과 함께 밴에 얼마나 많은 공을 들였던가?!

길에서 만난 스웽키

계절노동을 하면서 이동하는 노동자들에게도 동반자가 있다. 그들은 곳곳에 차를 세우고 잠시나마 공동체를 꾸려나간다. 나름의 규칙과 예절을 지키고, 각자의 고유한 사연을 공유하면서 인간적인 유대를 이어나간다. 길에서 길로 길을 떠도는 사람들에게는 예외 없이 아픈 사연 한 자락은 있기 마련이다. 70대 노파 스웽키는 특히 인상적이다.

"나한테 남은 시간은 7-8개월 밖에 없어. 그 시간을 병원에 누워서 지낼 수는 없다고. 난 알래스카로 갈 거야. 생의 마지막을 거기서 보내고 싶어."

큰지막한 이동주택 차량으로 그녀는 생의 마지막 목적지 알래스카로 떠난다. 스웽키의 얼굴에는 일말의 주저함도 없다. 무의미한 연명치료와 항암치료를 거부하고 자연 속에서 자연의 일원으로 생을 마감하겠다는 스웽키. 얼마나 많은 노인이 요양병원과 응급실에서 처절할 정도의 연명치료로 생의 끝자락을 탕진하는지 우리는 알고 있다.

스웽키가 휴대전화 사진으로 펀에게 보내온 알래스카의 자연풍광은 자신이 원하던 바를 이루었음을 통지하는 것이다. 생의 종착점에서 자연과 하나 되어 고요히 소멸해가는 여성 노인 스웽키. 이 지점에서 영화는 우리에게 묻는다. 우리는 어디서 와서 어디를 떠돌다가 어디로 가는가. 우리가 어떤 방식으로 마침내 소멸할 것인가!

함께 하고픈 남성 데이브

어디서든 우리는 운명의 인간을 만난다. 싫든 좋든 인생은 제한된 시공간에서 타자를 만나고 헤어짐으로써 이뤄진다. 인연이 있다면, 설령 그것이 악연이라 해도 우리는 타인과 만나게 된다. 펀에게 데이브는 친근하고 선량한 동행으로 등장한다. 그들이 서로 호감을 느끼는 데 걸리는 시간은 길지 않다. 그것은 정착자든 유랑자든 매한가지다.

데이브는 가족의 간절한 부름을 받고 본래 삶의 자리로 귀환한다. 떠나가는 데이브를 환송하지 않는 펀. 그녀에게도 돌아오라는 언니와 가족이 있다. 하지만 그녀는 남편 '보'가 세상을 버린 후 어디에도 정착하지 못한다. 엠파이어에 있는 남편과 자신의 짐도 정리하지 못한 펀. 마음에 둔 누군가와 작별하는 일은 고통스럽다.

추수감사절 초대를 받은 펀이 데이브를 찾아간다. 데이브의 집에서 펀은 연탄(聯彈)으로 피아노를 연주하는 데이브 부자를 본다. 가족과 가정의 안온함이 풍겨 나오는 정경. 하지만 그녀는 포근하고 안락한 침대에서 잠들지 못한다. 끝내 밴에서 잠을 청하는 펀. 함께하자는 데이브의 제안을 펀은 어떻게 수용했을까, 궁금하다.

인간과 자연

펀이 남달리 끌리는 대상은 자연이다. 돌과 나무와 사막과 바다가 그녀를 매혹한다. 그녀가 길에서 길로 길을 떠도는 까닭이 거기 있는지도 모르겠다. 거대한 메타세쿼이아가 화면을 가득 채운다. 나무의 높이와 둘레가 가늠조차 되지 않는다. 얼마나 오랜 세월 나무는 그 자리에 서서 인간과 세상의 생로병사와 흥망성쇠를 지켜본 것일까.

한밤중 사막에서 만난 직녀성은 지구에서 25광년 떨어져 있다. 1995년에 출발한 빛을 펀은 2020년 사막에서 보고 있다. 그렇다면 앞으로 25년 뒤인 2045년에 펀은 어디서 직녀성을 볼 것인가. 관객들은 또 어떤가. 사막의 아침을 알리는 첫 번째 햇빛이 선인장 줄기를 뚫고 찬란히 퍼져나간다. 저들은 또 얼마나 오랜 세월 서 있을 것인가!

계절마다 달라지는 일자리 때문에 캘리포니아의 태평양에 도달한 펀. 거대한 바다가 회청색으로 용틀임하듯 일렁이고 하얀 포말(泡沫)을 일으키며 파도가 출렁댄다. 바닷가 낭떠러지 위에서 바다를 응시하는 펀의 얼굴이 잠시 환해진다. 저 드넓은 바다는 그녀가 떠도는 삶의 내력을 위로하고 있는가?! 언제 다시 펀은 바다를 찾을 수 있을까.

자오 감독이 영화에서 자연을 반복해서 제시함은 분명 이유가 있을 터. 필시 그것은 장구한 세월을 살아가는 자연과 비교할 때 인생에 주어진 시공간이 참으로 미미하다는 사실을 보여주기 위함일 것이다. 귀하고 짧은 시간을 우리는 허망한 땅과 돈과 집에 무한 탕진하면서 날마다 소멸의 길로 다가서고 있는 것은 아닌지 묻는 듯하다.

로드무비 <노마드랜드>

자동차가 일상화된 20세기 이후 많은 영화가 로드무비 형식으로 만들어졌다. 체 게바라의 청년 시절을 다룬 <모터사이클 다이어리>(2004) 같이 오토바이로 세상을 순례하는 영화도 있기는 하다. 어찌 됐든 로드무비의 핵심은 자동차든 오토바이든 그것들은 이동 수단에 머물렀다는 사실이다. 하지만 자오 영화에서는 사정이 사뭇 다르다.

펀의 밴은 이동 수단이자 그 자체로 집이다. 언니 가족과 손님들이 2008년 비우량주택담보대출로 인해 불거진 미국발 금융위기를 말하면서 그때 집을 사둘 걸, 하는 얘기를 듣는 펀의 얼굴은 무겁다. 그들에게 집은 사람들이 편히 쉬고 살아가는 아늑한 공간이 아니라, 돈을 버는 수단 그 이상도 그 이하도 아니다. 그들의 집은 교환수단에 불과하다.

그래서다. 펀이 그토록 편안하고 따뜻해 보이는 침대에서 잠들지 못하고 뒤척이며 괴로워하는 까닭은 그런 까닭이다. 가족의 보금자리로 작동하는 집이 아니라, 은행 잔고(殘高)를 늘리는 수단으로 기능하는 집에 거주하는 사람들의 삶은 얼마나 행복할까. 난방도 안 되고 불편하기 짝이 없는 밴이 훨씬 더 집처럼 느껴지는 까닭은 무엇인가?!

생의 마지막까지 펀은 길에서 길로 길을 떠돌 것 같다. 밴의 수명이 다할 때까지. 그녀의 마지막 가는 길은 스웽키의 길임이 명약관화하다. 다른 선택지가 없어 보이기 때문이다. 그래선지 펀의 화장기 하나 없는, 주름진 얼굴의 수심과 긴 한숨이 슬퍼 보이지 않는다. 그녀는 자신의 내부에서 의지처를 찾았고, 동반자 밴에서 집을 찾은 노마드다.

혼자 사는 사람들

감독 홍성은
각본 홍성은
출연 공승연, 정다은
개봉 2021. 05. 19.

진아는 끝내 혼자 살 것인가
혼자 사는 사람들

　세상살이는 고단한 일이다. 고단함의 배후에는 인연으로 얽힌 관계가 있다. 싫든 좋든 우리는 실타래처럼 얽히고설킨 관계의 그물망 안에서 평생 살아간다. 인구가 늘고 세상이 복잡다단해질수록 그물코는 점점 커진다. 멸치도 빠져나가지 못한 그물이었는데, 요즘엔 상어나 고래도 어렵지 않게 지나간다. 스마트한 시대의 뼈아픈 역설이다.

　두 사람의 여성이 주축이 된 영화 <혼자 사는 사람들>이 조용히 입소문을 타고 있다. 홍성은이 각본과 연출을 도맡았고, 공승연이 주인공 진아 역을 연기한다. 장편영화는 두 사람 모두 처음이라 한다. 하지만 91분의 상영시간이 길게 느껴지지 않는다. 그들이 던지는 문제의식이 우리 시대를 관통하는 주제이기 때문일지 모른다.

문학교수, 영화 속으로 들어가다 8

2020년 기준 전국 1인 가구 비율은 39.2%, 906만을 돌파했다. 23.4%, 540만 가구에 이르는 2인 가구를 압도한다. 이런 상황이기에 혼밥과 혼술, 혼영 같은 단어가 자연스럽게 다가온다. 이런 추세는 앞으로 더욱 심화할 것이다. 통계청에 따르면, 2035년에는 1인 가구가 2,226만으로 늘어날 것이라 한다. <혼자 사는 사람들>은 이 문제를 다룬다.

진아의 일상

카드사 콜센터 상담원 진아는 20대 후반이다. 혼자만의 생활과 공간을 추구하는 진아. 그녀 아버지는 바람기를 주체하지 못하고 가출한다. 어머니를 홀로 두고 나온 진아의 생활은 아파트와 콜센터를 다람쥐 쳇바퀴 돌듯하는 것이다. 병약한 어머니가 걱정돼서 거실에 CCTV 설치한 진아. 진아는 언제나 스마트폰 수신에 몰두한다.

그녀의 귀에는 늘 수신기가 함께한다. 콜센터에서는 전화 수신기가, 여타 공간에서는 스마트폰 수신기가 동반한다. 그것이 세상과 소통하는 유일한 통로다. 그녀는 콜센터에서 최고의 성과를 자랑하는 베테랑이다. 전화 고객과 전혀 감정을 섞지 않고 건조하게 사무적인 내용만 처리하는 진아. '죄송합니다'를 인공지능 로봇처럼 기계적으로 말하는 그녀.

　　시종일관 표정도 감정도 없이 노동시간과 조건을 준수하는 진아. 그녀를 붙들고 있는 마지막 매체는 텔레비전이다. 그녀의 밤을 동행하는 텔레비전. 그러고 보면 그녀는 자신에게 주어진 빈 시간을 홀로 감당할 능력이 없다. 어딘가에 자신을 강박적으로 붙들어 매지 않으면 안 되는 현대적인 기기의 노예가 진아다.

진아와 수진

콜센터 팀장이 진아를 호출한다. 신입을 교육하라는 주문이다. 즉각 거절하는 진아! 하지만 그녀는 자신의 사수였던 팀장의 부탁을 거절할 수 없다. 아주 앳되고 철없어 보이는 수진. 이제 갓 스물이나 되었을까. 독립하려고 고향을 떠나 홀로 서울로 왔다는 수진. 수진은 진아를 '선배'라 부르며 깍듯하게 대한다. 어떻게든 진아에게 잘 보이려 애쓰는 수진.

한사코 거리를 두는 진아와 자꾸만 엉기려는 수진의 아슬아슬한 공존. 여기서 잘 만들어진 장면 하나. 진아가 점심이면 날마다 찾는 간편 일식집을 따라가는 수진. 자동화된 기계식 주문을 마치고 수진이 진아를 따라 들어갔을 때, 진아는 다른 손님들 사이에 앉아 있다. 순간 몹시 당황하여 어쩔 줄 모르는 수진의 표정이 화면을 채운다.

<혼자 사는 사람들>에 그려진 콜센터 사무실 공간은 닭장 비슷하다. 책상과 의자 하나의 공간이 칸막이로 격절(隔絶)돼 있다. 누구도 타자와 말을 섞거나 농담하지 않는다. 거기서 수진은 '시간 여행자'에게 자신의 감정을 절절하게 토로한다.

　　　"저도 데려가시면 안 돼요?! 2002년으로 저도 가고 싶어요!"

진아와 이웃 남자

　아파트 복도에서 아침저녁으로 담배를 피우며 진아에게 말을 거는 이웃집 남자. 그 역시 20대 청년이다. 특별하게 하는 일이 없어 보이는 그는 '히키코모리'로 보인다. 그가 진아에게 바라는 것은 딱 한 가지다. 이웃에게 아는 척해달라는 거다. 진아에게 환영처럼 다가오는 옆집 남자가 담배 피우며 말한다. "인사 좀 해주지."

　복도를 지나던 진아가 코를 틀어막는다. 전에 없던 악취가 코를 찔렀기 때문이다. '고독사'다. 사멸의 순간 아무도 옆에 있지 않아서 상당 시간 흐른 다음에야 알려지는 고독한 죽음. 이웃 나라 일본에서 잃어버린 30년 동안 일반화된 죽음의 형식 가운데 하나인 고독사. 고독사를 대하는 방식은 참으로 비정하고 우울하게 다가온다.

　아파트를 임차해서 생계를 유지하는 집주인의 행색과 언어는 우리에게 2021년 현재를 돌이키도록 한다. 다른 집보다 싸게 나온 아파트를 빌리는 30대 남성 성훈의 태도가 진아를 거슬리게 한다. 누군가와 말을 섞는 행위 자체를 꺼리는 진아를 불러세워 이러쿵저러쿵 말하는 성훈이 못마땅한 진아. 성훈은 아랑곳하지 않고 제 방식을 고수한다.

　진아는 성훈에게 뭔가 배우는 게 있다. 그것은 인간에 대한 예의를

갖추는 것이다. 단출하지만 나름대로 정성을 들인 제사상에 술을 올리고 절하면서 망자를 보내는 의식을 정중하게 치르는 성훈. 그와 함께 하는 사람들의 엄숙한 표정과 몸놀림이 진아에게는 생소하다. 어쩌면 그것이 그녀가 배우는 최초의 예의일지도 모른다.

진아와 아버지

진아는 아버지를 벌레 보듯 한다. 일찍부터 가출하여 남처럼 살아온 아버지. 그러다가 홀연히 어머니가 불귀의 객이 되자 세상천지 유일한 가족이 된 아버지. 하지만 진아는 마음을 열지 않는다. 60대 남성으로 진아의 아버지 역시 혼자 살아가는 인간이다. 하지만 그는 자신에게 부여된 고독한 인생과 하루속히 작별하려고 한다.

아내가 죽은 지 얼마 되지 않아서 얼굴에 함박웃음을 짓고 행복해하는 아버지의 모습이 진아의 마음을 찢어놓는다. 게다가 물적인 욕망은 상상하기 어려울 만큼 커다란 아버지. 그런 아버지에게 육친의 정을 느끼기란 쉽지 않을 터. 목소리조차 들리지 않는 시끄러운 공간에서 희희낙락하는 아버지에게 기대할 것이 무엇인가?!

황혼 이별이나 사별 혹은 별거 같은 이유로 60대 이상 '홀로족'이 급속도로 늘고 있다는 소식이다. 그들에게 행복추구권을 앗아갈 수는

없다. 하지만 영화에서 보이는 아버지의 행태는 진아의 가슴에 대못을 박는다. 대낮에 콜라텍 같은 데서 춤이나 추는 아버지의 흉중에 어머니와 자식의 흔적은 그림자라도 있을까, 진아는 생각한다.

진아의 삶은 변할 것인가

전화상담을 하던 진아가 자리를 박차고 거리로 뛰어나간다. 거리에서 오래도록 머물던 그녀가 지친 몸을 이끌고 귀가한다. 그녀는 극도로 예민하고 피로하다. 그래서일까. 수진에게 전화하여 혼자이되 혼자이기 싫었다는, 혼자서 잘하는 것은 하나도 없다고 고백하는 진아. 전화기 너머에서 들려오는 수진의 흐느낌이 진아를 위로한다.

옆집에서 흘러나오는 목소리에 귀를 여는 진아. 그녀는 필시 이 지점부터 타자와 함께하는 삶을 연모하기 시작한 듯하다. 혼자서도 넉넉하고 당당하며 자신만만하던 진아가 아닌 것처럼 보인다. 세상은 설령 그것이 악연이라 하더라도 더불어 살아가지 않으면 안 될 것이라는 느낌이랄까. 누군가와 함께하는 삶이 조금씩 그리워지는 진아.

버스에 앉아 창밖을 응시하는 진아의 얼굴에 호기심이 가득하다. 마치 창밖 풍경을 처음 보는 사람 같다. 그렇다. 여태까지 그녀는 사람도 거리도 하늘도 바람도 보지 않고 살아왔다. 그랬던 그녀가 자신을

문학교수, 영화 속으로 들어가다 8

둘러싼 대상에게 눈길을 보내기 시작한 것이다. 혼자 사는 사람이 아닌, 어울려 살아가는 사람 하나 제대로 태어나는 장면이다.

인트로덕션

감독 홍상수
각본 홍상수
출연 신석호, 박미소, 예지원
개봉 2021. 05. 27.

조각 그림으로 인생을 찾다

인트로덕션

홍상수의 25번째 영화 <인트로덕션>이 상영되고 있다. <인트로덕션>은 제71회 베를린 영화제에서 각본상(은곰상)을 받음으로써 <밤의 해변에서 혼자>(2017)와 <도망친 여자>(2020)에 이어 홍상수의 세 번째 은곰상 작품이 되었다. '인트로덕션'은 소개, 서문, (새것의) 도입 등을 뜻하는데, 포괄적인 의미를 담고자 영어 제목을 가지게 되었다 한다.

불과 66분의 짧은 상영시간을 가진 영화는 3부로 나뉘어 있다. 흑백으로 처리된 영상은 간결한 대화와 이음매 없이 끊어지는 단상(斷想) 형식을 취한다. 사건의 일관된 흐름도, 인물과 관계의 연속성 역시 대수롭지 않게 그려진다. 하나의 이야기마다 무엇인가 함축적인 것이 있을 거라 기대한다면, 그것은 허방다리를 밟는 일이 될 것이다.

삶에서 관계와 사건이 어떤 필연성이나 인과율로 직조된다면 우리는 인생의 본질이나 의미를 찾을 수 있다. 하지만 삶은 무수한 단편(斷片)으로 짜인 조각 그림 맞추기와 비슷하다. 마지막 조각이 맞춰지고 나서 전체의 그림이 완전한 모습을 드러내기 전에는 그 형상이나 의미를 단정하기 어렵다. 그것이 영화에서 홍상수가 풀어내려는 대목 아닐까 한다.

첫 번째 이야기: 아버지를 찾아가다

영호가 한의사인 아버지를 찾아간다. 한의사는 무엇인가 깊은 고뇌와 고통으로 괴로운 심경이다. 곤경을 벗어나려는 그는 하느님에게 금전적 보상을 제시하면서 난관을 피해 가려고 한다. 하지만 우리는 그가 무엇 때문에 저토록 절실하게 두 손을 모으는지 알지 못한다. 그런 아버지를 만나러 가는 영호는 입학시험을 치르는 수험생처럼 보인다.

영호를 맞이하는 인물은 간호사다. 화들짝 반기는 그녀 얼굴에 웃음이 환하게 번진다. 조금만 기다리면 된다는 말에 위로를 받는 영호. 하지만 그의 아버지는 온통 다른 것에 정신이 팔린 듯하다. 반백

의 머리를 한 사내가 한의원 계단참에서 맛있게 담배를 피운다. 특별한 일도 없어 보이는 그를 한의사가 반갑게 맞이한다.

  아버지를 기다리고 또 기다리는 영호. 하지만 아버지는 감감무소식이다. 만나자고 먼저 전화한 사람은 아버진데, 그의 마음속에는 아들이 없다. 기다리다 못해 담배를 피우러 나가는 영호. 거리에 함박눈이 내린다. 그를 따라 나온 간호사를 안아보는 영호. 어긋나고 일그러진

기대치를 눈과 포옹에서 찾아보려는 여린 영혼의 영호.

두 번째 이야기: 연인을 찾아가다

주원이 어머니와 함께 베를린 주택가에 도착한다. 그들은 겨울에
도 푸르게 자라는 겨우살이를 보고 찬탄한다. 그들의 관심은 주원의
유학과 숙박에 도움을 줄 화가에 쏠려 있다. 어머니는 딸과 대화하
면서 줄곧 담배를 피운다. 주원은 어머니와 서먹서먹해 보인다. 이윽
고 나타난 화가는 주원에게 이것저것 묻는다. 주원은 의상을 공부하
려고 한다.

학부 전공과 다른 공부를 둘러싼 두 사람의 대화는 겉돌고, 어색
한 양상까지 보인다. 베를린의 '슈프레강' 근처에 있는 공원을 산책하
는 세 사람. 특별한 것도 없는 이야기가 오가는데, 주원의 얼굴 환하
게 밝아진다. 영호가 느닷없이 나타난 것이다. 그의 출현은 인과성은
물론 최소한의 우연성마저 낯설게 여겨지는 횡설수설이다.

새로운 환경과 전공 그리고 어머니 친구라는 화가의 놀라운 미모
와 지나친 친절. 그것이 불러온 낯설고 두려운 마음의 풍경을 읽어
내기라도 한 것처럼 등장하는 영호. 베를린 거리에서 주원을 안아주
는 영호. 그녀를 안아주지만, 그에게도 해소되지 않는 앞날의 두려움

은 여전히 존재한다. 그들의 포옹에는 두려움과 외로움 그리고 쓸쓸함이 교차한다.

세 번째 이야기: 어머니를 찾아가다

그곳은 강릉이어도 속초라도 좋다. 동해와 파도가 있는 강원도 횟집. 중년 남녀가 마주 앉아 맥주를 마신다. 여성의 입에서 아들이 거의 다 왔다는 얘기가 나온다. 그들이 나누는 대화는 연극배우에 관한 것이다. 중년남성은 첫 번째 이야기에 나온 유명 배우다. 그들이 어떤 인연으로 동해의 허름한 횟집에서 술잔을 기울이는지 우리는 모른다.

친구 정수와 함께 도착한 영호. 네 사람이 함께하는 술자리와 대화는 흥미롭고 역동적이다. 홍상수 영화에는 술이 들어가야 하나 보다. 문제는 영호가 거절했던 키스 장면을 둘러싼 충돌이다. 연인을 생각하면서 키스 장면이 들어있는 영화 배역을 끝내 거부했다는 영호. 사랑도 없이 여자를 포옹하는 행위에 대한 영호의 강렬한 거부감.

<인트로덕션>에서 유심히 들여다본 대목은 여기다. 아무 감정 없이 여자를 안는 것에서 죄책감을 느낀다는 영호. 그것을 격렬하게 반박하며 공격하는 연극배우. 모든 포옹과 사랑에는 분명 그 나름의

의미와 아름다움이 있다고 주장하는 배우. 아마 그의 말은 여배우와 자신을 향해 세상이 쏟아내는 각종 독설에 대한 홍상수의 격정 토로 아닐까.

백설과 강물 그리고 바다

모래사장을 거닐던 영호가 바다로 걸어 들어간다. 하얗게 물거품을 일으키며 파도치는 겨울 바다가 춤추듯 영호를 감싸고 영호는 점점 더 바다로 들어간다. 그의 흉중에는 아버지와 간호사, 주원과 어머니, 연극배우의 인상화가 겹쳐지고 포개져 있는 것 같다. 모든 것이 하나로 합쳐져 드센 파도가 되어 그의 온몸을 세차게 후려갈긴다.

추위로 오그라든 영호를 정수가 안아준다. 눈 내리는 한의원 앞에서 간호사를 안아주고, 베를린 거리에서 주원을 안아주던 영호. 그가 이번에는 파도치는 바닷가에서 정수에게 안긴다. 누군가를 안거나 안긴다는 것은 따뜻한 일이다. 위로와 공감을 주고받는 인간의 따사로운 소통방식이 포옹 아닌가. 안아주던 영호가 안김으로써 온기를 느끼는 장면.

서울의 백설이 베를린 슈프레강으로 이어지고, 다시 동해의 바다

　　　　　　　　　문학교수, 영화 속으로 들어가다 8

로 연결된다. 물방울처럼 하나의 인연이 점차 커지고 확대되어 인생과 세계를 축조한다. 거기에는 필연적으로 작동하는 인과율이 없다. 이것이 있기에 저것이 있고, 이것이 소멸하기에 저것도 소멸하는 인과 연의 연기법칙이 없는 것이다. 그저 우연과 순간의 교차가 자리할 뿐이다.

우리처럼 그들도 근심하고 기대하며, 작은 인연에 환하게 기뻐하고 행복해한다. 상대의 마음에 들고자 조마조마하며, 느닷없는 돌발행동으로 기쁨을 주고자 한다. 고요하게 침전된 내면의 분노나 격정을 한순간 폭발시키기도 하고, 슬픔과 절망을 파도에 실어 보내기도 한다. 하지만 관계와 사건은 파도치는 바다의 심연처럼 고요하고 침묵한다.

화이트 온 화이트 Blanco en Blanco

감독   테오 코트
각본   테오 코트, 사무엘 M. 델가도
출연   알프레도 카스트로, 라스 루돌프
개봉   2021. 06. 10.

얼굴 없는 학살자, 포터를 찾아서!
화이트 온 화이트 Blanco en Blanco

관객이 들지 않는 영화를 본다는 것은 축복받은 일이다. 그것도 조조할인 혜택을 받으며, 혼자 커다란 영화관 공간을 독점하는 즐거움은 누려본 사람만 아는 특권 아닐까. 코로나19로 영화관 찾지 않는 사람이 많다는데, 나는 예년보다 출입 빈도가 잦다. 무례하거나 시끄러운 관객이 없다는 것은 또 얼마나 고맙고 흔쾌한 일인가!

낯선 제목의 영화가 상영되고 있다. 영화 원제는 에스파냐어로 <Blanco en Blanco>이며, 영어 제목으로는 <White on White>다. 우리말로 옮기면 <흰색 위에 흰색> 정도 아닐까. 영화를 해설하는 글에서 자주 인용되는 구절은 "새하얗고 순수한 (White) 땅을 백인 (White)들이 짓밟는 불편한 이야기"다.

문학교수, 영화 속으로 들어가다 8

코로나19로 유럽과 미국에서 횡행하는 유색인종을 향한 백인들의 폭력을 마주하면서 역사가 횡보하는 것을 확인하는 일은 우울하다. 500년 전에 만들어진 '선진서양 후진동양'의 도식이 지식과 정보의 21세기에도 작동하는 것은 분명 시대착오적이다. 그런 불편함을 전제하면서 영화를 들여다보면 조금은 위로받을지 모르겠다.

사진작가 페드로, 사라를 찍다

이마에 굵은 주름살이 진 단단한 체구의 사내. 서두르는 기색이나 어설픈 동작 없이 단정한 움직임의 사나이. 중년을 지나 초로의 나이로 접어든 단아한 인상의 사내. 2019년 베네치아 영화제에서 오리종티 감독상을 받은 에스파냐의 테오 코트 감독의 영화 <화이트 온 화이트>의 주인공 페드로다. 페드로는 전문적인 사진작가다.

그가 파타고니아 남쪽 끄트머리에 자리한 티에라 델 푸에고에 등장한 것은 20세기 초의 일이다. 영화는 그 시점 어느 날에 시작하여 끝난다. 코트 감독은 영화의 시간과 장소를 특정하지 않는다. 그것은 등장인물들의 행위가 정해진 시공간에 제한되지 않는다는 대전제를 따른 것이다. 따라서 시공간을 엄밀하게 추적하는 일은 중요하지 않다.

페드로는 포터의 하녀 아우로라가 데려온 어린 신부 사라의 사진

을 찍는다. 여리지만 당돌한 눈매와 맑고 청순한 얼굴로 순백의 드
레스를 입은 사라. 그는 사라에게 매료되어 그녀를 대상으로 예술사
진을 찍고자 한다. 20세기판 <올랭피아>를 사진으로 구현하는 페드
로. 그는 사진의 대가(代價)로 호된 곤욕을 치러야 한다. 그가 흐느끼
듯 말한다.

"날 여기서 나가게 해줘요!"

페드로의 사진과 티에라 델 푸에고

영화의 화면과 음악은 절제되고 정제된 색감과 음향으로 고요하고
정갈하다. 순백의 설원과 고원지대의 몰아치는 바람과 휘달리는 구름
과 이리저리 떠밀리는 덤불과 작은 관목의 무리가 화면을 채운다.
거기 작은 남자 페드로가 수동식 사진기를 세우고 가림막을 뒤집어
쓰고 사진기 렌즈에 눈을 가져다 댄다. 그리고 다가오는 사진 속의
인물들.

햇불을 든 백인 여성을 사이에 두고 왼쪽에 두 인디오 처녀와 오
른쪽에 인디오 여성 하나. 동녘에 떠오르는 미명이 그들의 행로를
비춘다. 다음 사진에는 장총을 휴대하거나 도끼를 든 다섯의 건장한
백인 사내가 햇불을 들고 앉거나 서 있다. 그들의 자세는 영락없는

사냥꾼들이다. 작은 키에 커다란 머리의 인디오 원주민 사내까지.

13,000년 전 얼어붙은 베링육교를 지나 인류는 알래스카에 이른다. 1,000년의 중단 없는 전진으로 인류는 아메리카 최남단의 티에라 델 푸에고에 이른다. 19세기 후반 칠레에 나돈 '엘도라도' 헛소문으로 유럽인들이 티에라 델 푸에고로 대거 이주함으로써 원주민인 셀크남족과 야간족이 속절없이 집단 학살을 당하기에 이른다.

포터의 하수인들과 페드로

영화 첫머리부터 마지막까지 포터는 빠지지 않는 인물이다. 하지만 우리는 그를 볼 수 없다. 각본을 쓴 테오 코트와 사무엘 델가도의 노련함 덕분이다. 관객의 궁금증을 증폭하면서 동시에 신비로움을 불러일으키는 소아성애자 포터. 티에라 델 푸에고의 실권자이자 최고 권력자 포터의 명령을 충실하게 수행하는 존에게서 단서를 찾아보자.

> "이제 자네는 우리 일꾼들의 사진을 찍게. 기록하고 싶네.
> 우린 여기서 역사를 만들고, 조국을 건설하고 있으니까."

포터의 생각에 따르면, 이곳 원주민인 셀크남족과 야간족은 문명과 기독교를 모르는 야만인이기에 그저 동물에 지나지 않는다. 그들은 교화할 대상도, 함께 살아가야 할 동반자도 아니다. 남미를 무력으로 정복하고 원주민들을 학살한 피사로와 코르테스처럼 포터와 그의 하수인들은 티에라 델 푸에고의 원주민들을 사냥감으로 생각한다.

존은 포터의 결혼식 잔칫날에 포터를 대신해 인디오 여자들을 데려온다. 그들의 자연성을 유럽의 인위성으로 유린(蹂躪)하는 사내들. 극심한 추위를 막는 양털 옷을 강제로 벗겨내고 유럽의 옷을 입게 하는 사내. 술과 음악으로 떠들썩한 술판을 만들고 인디오 여성들의 정신과 육체를 짓밟고 한없이 즐거워하는 하얀 피부의 약탈자들.

페드로가 횃불 속에서 난감한 얼굴로 그들을 바라본다. 여자들을 만져보라는 제안을 일언지하(一言之下)에 거절하는 페드로. 사진작가 페드로의 더운 양심은 인간을 인간으로 대하고자 하는 인간다움을 유지하고 있다. 자신도 살아남아야 하는 각박한 현실에서도 생명의 존귀함과 가치를 지켜내려는 페드로의 의지는 숭고하고 아름답다.

페드로, 너마저?!

그들이 원주민 인디오 사내를 앞세우고 무리 지어 인간사냥에 나선다. 그들 사이에 기록자이자 사진작가 페드로가 섞여 있다. 커다란 덤불 뒤에 자리 잡은 페드로 눈앞에 원주민 마을의 평화로운 정경이 펼쳐진다. 슬며시 눈을 돌리는 그의 뒤에 셀크남족의 성인식 옷차림 하인(Hain)을 한 사내가 서 있다. 소스라치게 놀라는 페드로.

이윽고 시작되는 인간사냥과 "여자와 어린애는 안 돼!" 하는 높고 새된 소리 들린다. 백인들 특유의 인도주의 표현이 '여성과 노약자 우선' 아니던가! 우리는 그 소리의 주인공이 누구보다 여성의 육체를 탐닉하던 자임을 안다. 학살자들의 무자비하고 잔악한 도살이 한바탕 광풍처럼 지나간다. 그리고 등장하는 놀라운 반전!

<화이트 온 화이트>에 이 장면이 없었다면, 영화는 밍밍했을 것이

다. 페드로가 이리저리 뛰어다니며 사진 구도를 잡는다. 너덧 번의 뜀박질과 거친 욕지거리를 내뱉으면서 페드로는 가장 멋진 구도로 사냥의 결과물을 찬양하는 기막힌 예술작품을 구현한다. 순백의 소녀 사라를 찍은 예술작가 페드로가 구현해내는 도살 현장의 예술사진.

영화는 우리에게 유럽의 아메리카 학살을 떠올리게 한다. 에스파냐와 포르투갈이 시작한 중남미 마야와 잉카, 아즈텍문명 후예들의 학살과 양키 아메리카가 자행한 북미 원주민들의 대대적인 학살. 그 것을 사진으로 남기려던 자들마저 예술과 기록의 이름으로 폭력에 편승하여 시신을 모독하는 범죄에 편승한 피어린 역사를 영화는 고스란히 보여준다.

지은이 **김규종**

고려대학교 문학박사 (러시아 문학)
경북대학교 교수 (1992. 3 ~ 현재)
대경민교협 집행위원장 (2004. 6 ~ 2006. 6)
경북대학교 인문대학 부학장 (2005. 3 ~ 2006. 2)
민예총 대구지부 영화연구소장 (2007. 3 ~ 현재)
경북대학교 전교교수회 부의장 (2008. 3 ~ 2010. 2)
민교협 공동의장 겸 대경민교협 의장 (2012. 6 ~ 2014. 6)
경북대학교 인문대학장 (2012. 9 ~ 2014. 8)
복현 콜로키움 좌장 (2015. 3 ~ 2017. 2)
전남대 교환교수 (2019. 3 ~ 2020. 2)
대구 문화방송 라디오 <시인의 저녁> 진행자 (2020.10 ~)

- 저서: 『노자의 눈에 비친 공자』, 『대학생으로 살아남기』, 『기생충이 없었다면 섹스도 없었다』, 『문학교수, 영화 속으로 들어가다 1, 2, 3, 4, 5, 6, 7』, 『극작가 체호프의 희곡을 어떻게 읽을 것인가』, 『소련 초기 보드빌 연구』, 『파안재에서』, 『비가 오는데 개미는 왜 우산을 안 쓸까』, 『유라시아 횡단 인문학』(이상 저서), 『역동적인 대한민국을 찾아서』, 『우리 시대의 레미제라블 읽기』(이상 공저)
- 역서: 『강철은 어떻게 단련되었는가』, 『광장의 왕』, 『마야코프스키 희곡전집』, 『체호프 희곡전집』, 『귀여운 여인』
- 관심영역: 인문학의 확대와 보급, 민주사회 건설과 부의 공평한 분배, 가족주의를 극복하고 모두가 행복한 공동체 만들기, 나와 우주의 합일과 자유로운 공존을 위한 내적인 성찰